Zu diesem Buch

Pelagea Wlassowa, Arbeiterwitwe und Arbeitermutter im Rußland Nikolaus' II., übernimmt in Brechts nach dem Roman von Maxim Gorki entstandenen Stück für ihren Sohn Pawel einen Agitationsauftrag, um ihm Gefährdung zu ersparen. Doch diese Aushilfe bindet sie alsbald an die Revolution. Die eigene Not und die der anderen Ausgebeuteten, mit denen sie lebt und für die sie nun zu kämpfen beginnt, führen sie unausweichlich zu der Erkenntnis: «Über das Fleisch, das auch in der Küche fehlt, wird nicht in der Küche entschieden.»

Weil sie erreichen will, daß in Zukunft die Arbeiter nicht nur über das Fleisch in ihrer Küche, sondern auch über alles andere entscheiden, was sie zu einem menschenwürdigen Leben brauchen, macht sie die Revolution zu ihrer mütterlichen Aufgabe. Sie verteilt Flugblätter, nimmt an einer Demonstration teil, bei der Pawel verhaftet wird. Während er deportiert ist, lernt sie lesen und lernt aus dem, was sie liest, das Eigentum nach seiner Herkunft und seiner Wirkung, die Ansichten nach ihren Nutznießern zu befragen. Sie gibt ihr neues Wissen an die Unwissenden weiter, sie unterstützt streikende Bauern, arbeitet in einer illegalen Druckerei, überzeugt Frauen, die bisher für den Krieg waren, von der Notwendigkeit, durch Entthronung derer, die vom Krieg profitieren, den Krieg unmöglich zu machen. Als Pawel, aus der sibirischen Gefangenschaft entflohen, wieder verhaftet und schließlich erschossen wird, hat ungerechte Gewalt der Herrschenden Pelageas Solidarität mit den Unterdrückten unverbrüchlich gemacht. Und es kommt der Tag, an dem Pelagea dem großen Demonstrationszug gegen den Krieg die Fahne der Revolution voranträgt.

Bertolt Brecht wurde am 10. Februar 1898 in Augsburg geboren. Er studierte zunächst Medizin und Naturwissenschaften, wandte sich jedoch bald dem Theater zu, wirkte als Dramaturg und Regisseur an den Münchener Kammerspielen, dann bei Max Reinhardt in Berlin. Für sein zweites Stück «Trommeln in der Nacht» erhielt er den Kleist-Preis. Am Tage nach dem Reichstagsbrand floh Brecht ins Ausland, und bis zum Jahre 1948 lebte er in der Emigration. Dann kehrte er nach Deutschland zurück und leitete bis zu seinem Tode (14. August 1956) mit seiner Frau Helene Weigel das «Berliner Ensemble».

Als rororo-Taschenbücher erschienen bisher von Brecht: «Kalendergeschichten» (Nr. 77), «Drei Groschen Roman» (Nr. 263) und «Die Geschäfte des Herrn Julius Caesar» (Nr. 639).

Literatur: Als Rowohlt Paperback Bd. 32 erschien von John Willett: Das Theater Bertolt Brechts. In der Reihe rowohlts monographien erschien als Band 37 eine Darstellung Bertolt Brechts in Selbstzeugnissen und Bilddokumenten von Marianne Kesting, die eine ausführliche Bibliographie enthält. In der Reihe «das neue buch» liegt als Bd. 33 vor: Heinz Brüggemann, Literarische Technik und soziale Revolution. Versuche über das Verhältnis von Kunstproduktion, Marxismus und literarischer Tradition in den theoretischen Schriften Bertolt Brechts.

Gesamtauflage der Werke von Bertolt Brecht in den rororo-Taschenbüchern: Über 1,4 Millionen Exemplare.

BERTOLT BRECHT

Die Mutter

EIN STÜCK

ROWOHLT

Umschlagentwurf Werner Rebhuhn
unter Verwendung zweier Szenenfotos von einer Aufführung
des Berliner Ensembles mit Helene Weigel
(Foto: Willy Saeger, Berlin)

1.–35. Tausend	September 1967
36.–43. Tausend	August 1971
44.–50. Tausend	August 1972
51.–58. Tausend	September 1973
59.–65. Tausend	November 1974
66.–70. Tausend	November 1975
71.–78. Tausend	November 1976
79.–85. Tausend	Dezember 1977
86.–93. Tausend	März 1979

Veröffentlicht im Rowohlt Taschenbuch Verlag GmbH,
Reinbek bei Hamburg, September 1967,
mit freundlicher Genehmigung des Suhrkamp Verlages,
Frankfurt am Main

Gesetzt aus der Linotype-Aldus-Buchschrift
und der Palatino (D. Stempel AG)
Gesamtherstellung Clausen & Bosse, Leck
Printed in Germany
380-ISBN 3 499 10971 9

Mitarbeiter:

S. Dudow, H. Eisler, G. Weisenborn

Personen:

Pelagea Wlassowa · Pawel Wlassow, ihr Sohn · Anton Rybin, Andrej Nachodka, Iwan Wessowtschikow – Arbeiter in den Suchlinow-Werken · Mascha Chalatowa, eine junge Arbeiterin · Polizist · Kommissar · Der Portier · Smilgin, ein alter Arbeiter · Der Arbeiter Karpow · Der Betriebspolizist · Nikolai Wessowtschikow, der Lehrer · Der Arbeitslose Sigorski · Gefängnisaufseher · Jegor Luschin, ein Gutsarbeiter · Zwei Streikbrecher · Der Metzger Wassil Jefimowitsch · Die Frau des Metzgers · Die Hausbesitzerin · Die Bäuerin · Die arme Frau · Ein Beamter · Eine schwarzgekleidete Frau · Ein Dienstmädchen · Frauen · Arbeiter und Arbeiterinnen

1

Die Wlassowas aller Länder.

Stube der Pelagea Wlassowa in Twer

PELAGEA WLASSOWA: Fast schäme ich mich, meinem Sohn diese Suppe hinzustellen. Aber ich kann kein Fett mehr hineintun, nicht einen halben Löffel voll. Denn erst vorige Woche ist ihm von seinem Lohn eine Kopeke pro Stunde abgezogen worden, und das kann ich durch keine Mühe mehr hereinbringen. Ich weiß, daß er bei seiner langen, schweren Arbeit kräftigeres Essen braucht. Es ist schlimm, daß ich meinem einzigen Sohn keine bessere Suppe vorsetzen kann; er ist jung und beinahe noch im Wachsen. Er ist ganz anders, als sein Vater war. Er liest dauernd Bücher, und das Essen war ihm nie gut genug. Jetzt ist die Suppe noch schlechter geworden. So wird er immer unzufriedener.

Sie trägt ein Traggeschirr mit Suppe ihrem Sohn hinüber. Wenn sie zurückgekehrt ist, sieht sie, wie der Sohn, ohne von seinem Buch aufzusehen, den Deckel des Geschirrs abnimmt und an der Suppe schnuppert, dann den Deckel wieder hinauftut und das Geschirr wegschiebt.

PELAGEA WLASSOWA: Jetzt schnuppert er wieder an der Suppe. Ich kann ihm keine bessere herschaffen. Er wird auch bald merken, daß ich ihm keine Hilfe mehr bin, sondern eine Last. Wofür esse ich mit, wohne in seiner Stube und kleide mich von seinem Verdienst? Er wird noch weggehen. Was kann ich, Pelagea Wlassowa, Witwe eines Arbeiters und Mutter eines Arbeiters, tun? Ich drehe jede Kopeke dreimal um. Ich versuche es so und versuche es so. Ich spare einmal am Holz und einmal an der Kleidung. Aber es langt nicht. Ich sehe keinen Ausweg.

Der Sohn Pawel Wlassow hat seine Mütze und das Traggeschirr genommen und ist weggegangen.

CHOR

Von den revolutionären Arbeitern der Wlassowa zugesungen.

Bürste den Rock
Bürste ihn zweimal!
Wenn du ihn gebürstet hast
Ist er ein sauberer Lumpen.

Koche mit Sorgfalt
Scheue keine Mühe!
Wenn die Kopeke fehlt
Ist die Suppe nur Wasser.

Arbeite, arbeite mehr
Spare, teile besser ein
Rechne, rechne genauer!
Wenn die Kopeke fehlt
Kannst du nichts machen.

Was immer du tust
Es wird nicht genügen

Deine Lage ist schlecht
Sie wird schlechter.
So geht es nicht weiter
Aber was ist der Ausweg?

Wie die Krähe, die ihr Junges
Nicht mehr zu füttern vermag
Machtlos gegen den winterlichen Schneesturm
Keinen Ausweg mehr sieht und jammert:
Siehst du auch keinen Ausweg
Und jammerst.

Was immer du tust
Es wird nicht genügen
Deine Lage ist schlecht
Sie wird schlechter.
So geht es nicht weiter
Aber was ist der Ausweg?

Fruchtlos arbeitet ihr und scheut die Mühe nicht
Zu ersetzen das Unersetzbare
Und einzuholen das nicht Einzuholende.
Wenn die Kopeke fehlt, ist keine Arbeit genug.
Über das Fleisch, das euch in der Küche fehlt
Wird nicht in der Küche entschieden.

Was immer ihr tut
Es wird nicht genügen
Eure Lage ist schlecht
Sie wird schlechter.
So geht es nicht weiter
Aber was ist der Ausweg?

2

Pelagea Wlassowa sieht mit Kummer ihren Sohn in der Gesellschaft revolutionärer Arbeiter.

Stube der Pelagea Wlassowa

Drei Arbeiter und eine junge Arbeiterin kommen früh am Morgen mit einem Hektographenapparat.

ANTON RYBIN: Als du vor zwei Wochen unserer Bewegung beitratest, Pawel, hast du uns angeboten, daß wir zu dir kommen können, wenn es eine besondere Arbeit gibt. Es ist bei dir am sichersten, da wir noch nie hier gearbeitet haben.

PAWEL WLASSOW: Was wollt ihr machen?

ANDREJ NACHODKA: Wir müssen Flugblätter für heute drukken. Die letzten Lohnsenkungen haben die Arbeiterschaft in starke Erregung gebracht. Seit drei Tagen verteilen wir Flugblätter im Betrieb. Heute ist der entscheidende Tag. Heute abend wird die Betriebsversammlung beschließen, ob wir uns eine Kopeke abziehen lassen oder ob wir streiken.

IWAN WESSOWTSCHIKOW: Wir haben den Hektographenapparat mitgebracht und Papier.

PAWEL: Setzt euch. Meine Mutter wird uns Tee kochen.

Sie gehen zum Tisch.

IWAN *zu Andrej*: Warte du draußen und paß auf die Polizei auf.

Andrej geht hinaus.

ANTON: Wo ist Ssidor?

MASCHA CHALATOWA: Mein Bruder ist nicht mitgekommen. Er hat gestern abend beim Nachhausegehen gesehen, daß ihm jemand nachging, der wie ein Polizist aussah. Darum wollte er heute lieber direkt in die Fabrik gehen.

PAWEL: Sprecht leise. Meine Mutter hört uns besser nicht. Ich habe ihr bisher nichts von diesen Dingen gesagt, sie ist nicht mehr jung genug und könnte uns doch nicht helfen.

ANTON: Hier ist die Vorlage.

Sie beginnen zu arbeiten. Einer hat ein dichtes Tuch vors Fenster gehängt.

PELAGEA WLASSOWA *abseits*: Ungern sehe ich meinen Sohn Pawel in der Gesellschaft dieser Leute. Sie werden ihn mir noch ganz verderben. Sie hetzen ihn auf und ziehen ihn noch in irgend etwas hinein. Solchen Leuten setze ich keinen Tee vor. *Sie tritt an den Tisch.* Pawel, ich kann euch keinen Tee kochen. Es ist zu wenig Tee da. Das gibt keinen richtigen Tee mehr.

PAWEL: Dann koch uns dünnen Tee, Mutter.

PELAGEA WLASSOWA *ist zurückgegangen und hat sich gesetzt*: Wenn ich jetzt nicht dergleichen tue, werden sie schon merken, daß ich sie nicht leiden kann. Es paßt mir überhaupt nicht, daß sie sich hier aufhalten und so leise sprechen, daß ich nichts hören kann. *Sie tritt wieder an den Tisch.* Pawel, es wäre mir sehr unangenehm, wenn der Hausbesitzer merken würde, daß hier früh um fünf Uhr Leute zusammenkommen und etwas drucken! Wir können sowieso die Miete nicht bezahlen.

IWAN: Glauben Sie uns, Frau Wlassowa, daß wir uns für nichts mehr interessieren als für Ihre Miete. Im Grunde genommen kümmern wir uns um nichts anderes, wenn es auch nicht so aussieht.

PELAGEA WLASSOWA: Das weiß ich nicht.

Sie geht zurück.

ANTON: Deine Mutter sieht uns nicht gern hier, Pawel?

IWAN: Es ist sehr schwer für deine Mutter zu begreifen, daß wir das hier machen müssen, damit sie Tee kaufen und die Miete bezahlen kann.

PELAGEA WLASSOWA: So was von dickem Fell! Sie tun einfach, als merkten sie nichts. Was haben sie vor mit Pawel? Er ist in die Fabrik gegangen und war froh, daß er einen Arbeitsplatz hatte. Er verdiente wenig, und im letzten Jahr ist es immer weniger geworden. Wenn sie ihm jetzt noch einmal eine Kopeke abziehen, will ich lieber selber nicht essen. Aber ich sehe mit Unruhe, wie er diese Bücher liest, und mit Kummer, daß er, statt sich abends auszuruhen, in die Versammlungen läuft, wo nur gehetzt wird. Dadurch wird er nur noch seinen Arbeitsplatz verlieren.

MASCHA *singt der Wlassowa das «Lied vom Ausweg» zu:*

LIED VOM AUSWEG

Wenn du keine Suppe hast
Wie willst du dich da wehren?
Da mußt du den ganzen Staat
Von unten nach oben umkehren
Bis du deine Suppe hast.
Dann bist du dein eigener Gast.

Wenn für dich keine Arbeit zu finden ist
Da mußt du dich doch wehren!
Da mußt du den ganzen Staat
Von unten nach oben umkehren
Bis du dein eigener Arbeitgeber bist.
Worauf für dich Arbeit vorhanden ist.

Wenn man über eure Schwäche lacht
Wie wollt ihr euch da wehren?
Da müßt ihr euch kümmern drum
Daß alle, die schwach sind, marschieren.
Dann seid ihr eine große Macht.
Worauf keiner mehr lacht.

ANDREJ *kommt herein*: Polizei!

IWAN: Versteckt die Papiere!

Andrej nimmt Pawel den Hektographenapparat aus der Hand und hängt ihn zum Fenster hinaus. Anton setzt sich auf die Papiere.

PELAGEA WLASSOWA: Siehst du, Pawel, jetzt kommen die Polizisten. Pawel, was machst du, was steht in den Papieren?

MASCHA *führt sie ans Fenster und setzt sie auf den Diwan*: Bleiben Sie ruhig sitzen, Frau Wlassowa.

Ein Polizist und ein Kommissar kommen herein.

POLIZIST: Halt! Wer sich rührt, wird erschossen! Das ist seine Mutter, Euer Wohlgeboren, und das ist er selbst!

KOMMISSAR: Pawel Wlassow, ich muß Haussuchung bei dir halten. Was hast du denn da für einen schmierigen Verein aufgegabelt?

POLIZIST: Hier ist auch die Schwester des heute früh verhafteten Ssidor Chalatow. Es sind schon die Richtigen.

MASCHA: Was ist mit meinem Bruder geschehen?

KOMMISSAR: Ihr Bruder läßt Sie grüßen, er ist jetzt bei uns. Er revolutioniert jetzt unsere Wanzen und hat großen Zulauf. Leider fehlen ihm Flugblätter.

Die Arbeiter sehen sich an.

KOMMISSAR: Ein paar Nachbarzellen wären da noch frei. Könntet ihr übrigens nicht mit einigen Flugblättern aushelfen? Sehr bedaure ich, liebe Frau Wlassowa, daß ich gerade in Ihrem Haus nach Flugblättern suchen muß. *Geht zum Diwan.* Sehen Sie, Wlassowa, jetzt muß ich zum Beispiel Ihren Diwan öffnen. Haben Sie das nötig? *Er schlitzt ihn auf.*

PAWEL: Es sind keine Rubelscheine drinnen, nicht wahr? Das kommt, weil wir Arbeiter sind und nicht sehr viel verdienen.

KOMMISSAR: Und der Spiegel an der Wand? Muß er zertrümmert werden von der rauhen Hand eines Polizisten? *Er haut ihn ein.* Sie sind eine anständige Frau, ich weiß es. Und in dem Diwan war auch nichts, was etwa unanständig gewesen wäre. Aber wie ist es mit der Kommode, dem guten alten Stück? *Er wirft sie um.* Sieh da, auch nichts dahinter. Wlassowa, Wlassowa! Ehrliche Leute sind nicht schlau, sollten Sie schlau sein? Und da ist der Schmalztopf mit dem Löffelchen, der rührende Schmalztopf. *Nimmt ihn vom Regal und läßt ihn fallen.* Jetzt ist er mir zu Boden gefallen, und jetzt zeigt sich, daß Schmalz drinnen ist.

PAWEL: Wenig. Es ist wenig Schmalz darin, Herr Kommissar. Auch in der Brotlade ist wenig Brot, und in der Büchse ist nur wenig Tee.

KOMMISSAR *zum Polizisten*: Also doch ein politischer Schmalztopf. Wlassowa, Wlassowa, müssen Sie sich auf Ihre alten Tage mit uns einlassen, diesen Bluthunden? So sauber sind Ihre Gardinen gewaschen. Das trifft man selten. Das sieht man gern. *Er reißt sie herunter.*

IWAN *zu Anton, der aufgesprungen ist, weil er für den Hektographenapparat fürchtet*: Sitzen bleiben, du wirst erschossen.

PAWEL *laut, um den Kommissar abzulenken*: Wozu ist es nötig, den Schmalztopf auf den Boden zu schmeißen?

ANDREJ *zum Polizisten*: Heb den Schmalztopf auf!

POLIZIST: Das ist Andrej Nachodka, der Kleinrusse.

KOMMISSAR *tritt an den Tisch*: Andrej Maximowitsch Nachodka, du bist schon einmal wegen politischer Vergehen in Haft gewesen?

ANDREJ: Ja, in Rostow und Saratow, aber da hat mich die Polizei mit «Sie» angeredet.

KOMMISSAR *zieht ein Flugblatt aus der Tasche*: Ist Ihnen bekannt, welche Schurken in den Suchlinow-Werken diese hochverräterischen Flugblätter verteilen?

PAWEL: Schurken sehen wir hier zum erstenmal.

KOMMISSAR: Du, Pawel Wlassow, wirst noch ganz klein werden. Setz dich anständig hin, wenn ich mit dir rede!

PELAGEA WLASSOWA: Schreien Sie nicht so. Sie sind noch ein junger Mensch und haben kein Elend kennengelernt. Sie sind Beamter. Sie bekommen regelmäßig Ihr vieles Geld dafür, daß Sie den Diwan aufschneiden und nachschauen, daß im Schmalztopf kein Schmalz ist.

KOMMISSAR: Du weinst zu früh, Wlassowa, du wirst deine

Tränen noch brauchen. Paß lieber auf deinen Sohn auf, er geht schlimme Wege. *Zu den Arbeitern:* Eines Tages wird euch auch eure Schlauheit nichts mehr nützen.

Der Kommissar und der Polizist gehen. Die Arbeiter räumen auf.

ANTON: Frau Wlassowa, wir müssen Sie um Entschuldigung bitten. Wir dachten nicht, daß wir schon unter Verdacht stehen. Jetzt hat man Ihnen Ihre Wohnung zertrümmert.

MASCHA: Sind Sie sehr erschrocken, Frau Wlassowa?

PELAGEA WLASSOWA: Ja, ich sehe, daß Pawel einen schlimmen Weg geht.

MASCHA: So halten Sie es für richtig, daß die Ihre Wohnung zertrümmern, weil Ihr Sohn für seine Kopeke kämpft?

PELAGEA WLASSOWA: Sie tun nicht das Rechte, aber er tut auch nicht das Rechte.

IWAN *wieder am Tisch*: Wie ist es jetzt mit der Flugblattverteilung?

ANTON: Wenn wir heute keine Flugblätter verteilen, nur weil die Polizei begonnen hat einzugreifen, sind wir nichts als Schreihälse gewesen. Die Flugblätter müssen verteilt werden.

ANDREJ: Wie viele sind es?

PAWEL: Ungefähr fünfhundert.

IWAN: Und wer verteilt sie?

ANTON: Heute ist Pawel dran.

Pelagea Wlassowa winkt Iwan zu sich.

PELAGEA WLASSOWA: Wer soll die Flugblätter verteilen?

IWAN: Pawel. Es ist nötig.

PELAGEA WLASSOWA: Es ist nötig! Es beginnt mit dem Bücherlesen und dem Spät-nach-Hause-Kommen. Dann kommen die Arbeiten hier im Hause mit solchen Maschinen, die vor das Fenster gehängt werden müssen. Vor dem Fenster muß ein Tuch hängen. Und die Beratungen werden mit leiser Stimme geführt. Es ist nötig! Auf einmal kommt die Polizei ins Haus, und die Polizisten behandeln einen wie eine Verbrecherin. *Sie steht auf.* Pawel, ich verbiete dir, diese Flugblätter zu verteilen.

ANDREJ: Es ist nötig, Frau Wlassowa.

PAWEL *zu Mascha*: Sag ihr, daß die Blätter Ssidors wegen verteilt werden müssen, damit er entlastet wird.

Die Arbeiter treten zu Pelagea Wlassowa, Pawel bleibt am Tisch.

MASCHA: Frau Wlassowa, es ist auch meines Bruders wegen nötig.

IWAN: Ssidor kann sich sonst auf Sibirien gefaßt machen.

ANDREJ: Wenn heute keine Flugblätter mehr verteilt werden, wissen sie doch, daß es Ssidor gewesen sein muß, der gestern die Flugblätter verteilt hat.

ANTON: Schon darum ist es nötig, daß auch heute wieder Flugblätter verteilt werden.

PELAGEA WLASSOWA: Ich sehe, daß es nötig ist, damit dieser junge Mensch, den ihr hineingebracht habt, nicht vernichtet wird. Aber was ist mit Pawel, wenn er verhaftet wird?

ANTON: Es ist nicht so gefährlich.

PELAGEA WLASSOWA: So, es ist nicht so gefährlich. Ein Mensch ist verführt und hineingezogen worden. Um ihn zu retten, ist das und das nötig. Es ist nicht gefährlich, aber es ist nötig. Wir stehen unter Verdacht, aber wir müssen Flugblätter verteilen. Es ist nötig, also ist es nicht gefährlich. Und so geht es weiter. Und am Schluß steht ein Mensch am Galgen: steck deinen Kopf in die Schlinge, es ist nicht gefährlich. Gebt die Flugblätter her, ich, nicht Pawel, werde gehen und sie verteilen.

ANTON: Aber wie wollen Sie das anfangen?

PELAGEA WLASSOWA: Macht euch da keine Sorge. So gut wie ihr werde ich das auch fertigbringen. Meine Freundin Marja Korssunowa verkauft in der Mittagspause Eßwaren in der Fabrik. Ich werde das heute für sie machen, und mit euren Flugblättern wickle ich die Eßwaren ein.

Sie geht und holt ihre Einkaufstasche.

MASCHA: Pawel, deine Mutter bietet sich uns an für die Verteilung unserer Flugblätter.

PAWEL: Überlegt, was dafür und was dagegen spricht. Ich aber bitte euch, mich zu dem Angebot meiner Mutter nicht äußern zu müssen.

ANTON: Andrej?

ANDREJ: Ich glaube, daß es ihr gelingen kann. Sie ist unter den Arbeitern bekannt und der Polizei unverdächtig.

ANTON: Iwan?

IWAN: Auch ich glaube es.

ANTON: Selbst wenn sie gefaßt wird, kann ihr am wenigsten geschehen. Sie gehört nicht zur Bewegung und hat es dann lediglich für ihren Sohn getan. Genosse Wlassow, angesichts der besonderen Notlage und der schweren Gefährdung des Genossen Ssidor sind wir dafür, das Angebot deiner Mutter anzunehmen.

IWAN: Wir sind überzeugt, daß sie am wenigsten Gefahr läuft.

PAWEL: Es ist mir recht.

PELAGEA WLASSOWA *zu sich*: Sicher ist es eine sehr schlimme

Sache, bei der ich hier helfe, aber ich muß Pawel aus ihr heraushalten.

ANTON: Frau Wlassowa, wir übergeben Ihnen also diesen Packen Flugblätter.

ANDREJ: So werden Sie jetzt für uns kämpfen, Pelagea Wlassowa.

PELAGEA WLASSOWA: Kämpfen? Ich bin keine junge Frau mehr und keine Kämpferin. Ich bin froh, wenn ich meine drei Kopeken zusammenkratze, das ist Kampf genug für mich.

ANDREJ: Wissen Sie denn, was in den Flugblättern steht, Frau Wlassowa?

PELAGEA WLASSOWA: Nein, ich kann nicht lesen.

3

Die Sumpfkopeke

Fabrikhof

PELAGEA WLASSOWA *mit einem großen Korb vor dem Fabriktor*: Es kommt alles darauf an, was der Portier für ein Mann ist: ein fauler oder ein genauer. Ich muß ihn nur dazu bringen, daß er mir einen Passierschein ausstellt. Mit den Flugblättern wickle ich dann die Eßwaren ein. Wenn sie mich fassen, sage ich einfach: man hat sie mir hineingeschmuggelt, ich kann nicht lesen. *Sie beobachtet den Fabrikportier.* Es ist ein Dicker, Fauler. Ich will sehen, was er macht, wenn ich ihm eine Gurke anbiete. So einer frißt gern und hat nichts. *Sie geht ans Tor und läßt ein Paket vor dem Portier fallen.* Sie, mir ist mein Paket hinuntergefallen. *Der Portier schaut weg.* Das ist komisch: jetzt habe ich ganz vergessen, daß ich ja nur den Korb hinzustellen brauche, dann habe ich ja die Hände frei. Und da hätte ich Sie jetzt fast bemüht. *Zum Publikum:* Das ist ein Hartgesottener. Dem muß man mit Gewäsch kommen, dann macht er alles, damit er nur wieder seine Ruhe hat. *Sie geht zum Eingang und spricht schnell:* Das ist wieder echt Marja Korssunowa. Ich sage ihr noch vorgestern: alles, aber keine nassen Füße! Aber meinen Sie, sie folgt mir? Nein. Sie gräbt wieder Kartoffeln und kriegt nasse Füße! Am nächsten Morgen füttert sie die Ziegen. Nasse Füße! Was sagen Sie dazu? Sie liegt natürlich sofort auf der Nase. Aber anstatt liegenzubleiben, geht sie abends wieder aus. Es regnet natürlich, was bekommt sie also? Nasse Füße!

DER PORTIER: Sie kommen hier nicht herein ohne Ausweis.

PELAGEA WLASSOWA: Habe ich ihr auch gesagt. Wissen Sie, wir sind ein Herz und eine Seele, aber so was von Halsstarrigkeit haben Sie noch nicht gesehen. Wlassowa, ich bin krank, du mußt für mich in die Fabrik gehen und das Essen verkaufen. Siehst du, Marja, sage ich, jetzt bist du heiser. Aber warum bist du heiser? Wenn du jetzt noch einmal mir gegenüber die nassen Füße in den Mund nimmst, sagt sie, und dabei kann sie nur mehr krächzen, dann haue ich dir diese Tasse an deinen Dickkopf! Halsstarrig!

Der Portier läßt sie seufzend durch.

PELAGEA WLASSOWA: Richtig, ich halte Sie ja nur auf.

Es ist Mittagspause. Die Arbeiter sitzen auf Kisten usw. und essen. Pelagea Wlassowa bietet Eßwaren an. Iwan Wessowtschikow hilft ihr beim Einwickeln.

PELAGEA WLASSOWA: Gurken, Tabak, Tee, frische Piroggen!

IWAN: Und das Einwickelpapier ist das Beste.

PELAGEA WLASSOWA: Gurken, Tabak, Tee, frische Piroggen!

IWAN: Und das Einwickelpapier ist umsonst.

EIN ARBEITER: Hast du auch Gurken?

PELAGEA WLASSOWA: Ja, hier sind Gurken.

IWAN: Und das Einwickelpapier wirft man nicht fort.

PELAGEA WLASSOWA: Gurken, Tabak, Tee, heiße Piroggen.

EIN ARBEITER: Sag mal, was steht denn in dem Einwickelpapier Interessantes drin heute? Ich kann nicht lesen.

EIN ANDERER ARBEITER: Woher soll ich wissen, was in deinem Einwickelpapier drin steht?

DER ERSTE: Ja, Mensch, du hast ja dasselbe in der Pfote.

DER ZWEITE: Richtig, da steht was.

DER ERSTE: Was denn?

SMILGIN *ein alter Arbeiter*: Ich bin dagegen, daß man solche Flugblätter verteilt, solange verhandelt wird.

DER ZWEITE: Die haben ganz recht, wenn wir uns erst auf Verhandlungen einlassen, sind wir schon eingeseift.

PELAGEA WLASSOWA *über den Hof*: Gurken, Tabak, Tee, frische Piroggen.

DRITTER ARBEITER: Jetzt haben sie doch die Polizei auf dem Genick, und die Fabrikkontrolle ist auch verschärft worden, und jetzt ist doch wieder ein Flugblatt da. Das sind tüchtige Kerle und nicht zu hindern. Es ist etwas dran an dem, was die wollen.

DER ERSTE: Ich muß auch sagen, wenn ich so etwas sehe, dafür bin ich.

PAWEL: Da kommt Karpow endlich.

ANTON: Ich bin neugierig, was er erreicht hat.

DER ARBEITER KARPOW *kommt*: Sind alle Vertrauensleute beisammen?

In einer Ecke des Fabrikhofes versammeln sich die Vertrauensleute des Betriebes, darunter Smilgin, Anton und Pawel.

KARPOW: Kollegen, wir haben verhandelt!

ANTON: Was habt ihr erreicht?

KARPOW: Kollegen, wir kehren auch nicht ohne Erfolg zu euch zurück.

ANTON: Habt ihr die Kopeke?

KARPOW: Kollegen, wir haben Herrn Suchlinow vorgerechnet, daß der Abzug einer Kopeke vom Stundenlohn bei 800 Arbeitern 24 000 Rubel im Jahr ausmacht. Diese 24 000 Rubel sollten von jetzt ab in die Tasche des Herrn Suchlinow fließen. Dies mußte unter allen Umständen verhindert werden. Nun, in vierstündigem Kampf haben wir es erreicht. Es wurde verhindert. Diese 24 000 Rubel fließen nicht in die Tasche des Herrn Suchlinow.

ANTON: Also habt ihr die Kopeke?

KARPOW: Kollegen, es ist immer von uns betont worden, daß die sanitären Zustände des Betriebes unhaltbar sind.

PAWEL: Ob ihr die Kopeke habt?

KARPOW: Der Sumpf vor dem Osttor der Fabrik ist ein Grundübel.

ANTON: Ach so, mit dem Sumpf wollt ihr es machen!

KARPOW: Denkt an die Wolken von Mücken, die jeden Sommer uns den Aufenthalt im Freien unmöglich machen, an die hohe Zahl der Erkrankungen durch Sumpffieber, an die fortwährende Gefährdung unserer Kinder. Kollegen, für 24 000 Rubel kann der Sumpf ausgetrocknet werden. Dazu wäre der Herr Suchlinow bereit. Auf dem neu gewonnenen Gelände würde die Vergrößerung der Fabrik in Angriff genommen werden. Das gibt neue Arbeitsplätze. Ihr wißt, wenn es der Fabrik gut geht, geht es euch auch gut. Kollegen, der Betrieb steht nicht so gut, wie wir vielleicht meinen. Wir können euch nicht verschweigen, was uns Herr Suchlinow mitgeteilt hat, daß der Schwesterbetrieb in Twer stillgelegt wird und 700 Kollegen von morgen ab auf der Straße liegen. Wir sind für das kleinere Übel. Jeder Klarblickende sieht mit Sorge, daß wir vor einer der größten Wirtschaftskrisen stehen, die unser Land je durchgemacht hat.

ANTON: Also der Kapitalismus ist krank, und du bist der Arzt. Du bist also für Annahme der Lohnkürzung?

KARPOW: Wir haben keinen anderen Ausweg in der Verhandlung gefunden.

ANTON: Dann verlangen wir den Abbruch der Verhandlungen mit der Direktion, ihr könnt den Lohnabzug doch nicht verhindern. Die Sumpfkopeke lehnen wir ab.

KARPOW: Ich warne vor dem Abbruch der Verhandlungen mit der Direktion.

SMILGIN: Ihr müßt euch klar sein, daß das Streik bedeutet.

ANTON: Nach unserer Ansicht kann nur ein Streik die Kopeke retten.

IWAN: Die Frage für die Versammlung heute ist ganz einfach die: Soll der Sumpf des Herrn Suchlinow ausgetrocknet oder soll die Kopeke gerettet werden? Wir müssen den Streik durchführen, und wir müssen sogar am 1. Mai, bis zu dem es ja nur noch eine Woche ist, zu erreichen versuchen, daß auch die anderen Betriebe, in denen die Löhne gekürzt werden sollen, stillgelegt werden.

KARPOW: Ich warne euch!

Fabriksirene. Die Arbeiter stehen auf, um an die Arbeit zu gehen. Über die Schulter zurück singen sie Karpow und Smilgin das «Lied vom Flicken und vom Rock» zu.

LIED VOM FLICKEN UND VOM ROCK

Immer, wenn unser Rock zerfetzt ist
Kommt ihr gelaufen und sagt: so geht das nicht weiter
Dem muß abgeholfen werden und mit allen Mitteln!
Und voll Eifer rennt ihr zu den Herren
Während wir, stark frierend, warten.
Und ihr kommt zurück, und im Triumphe
Zeigt ihr uns, was ihr für uns erobert:
Einen kleinen Flicken.
  Gut, das ist der Flicken
  Aber wo ist
  Der ganze Rock?

Immer wenn wir vor Hunger schreien
Kommt ihr gelaufen und sagt: so geht das nicht weiter
Dem muß abgeholfen werden und mit allen Mitteln!
Und voll Eifer rennt ihr zu den Herren
Während wir, voll Hunger, warten.
Und ihr kommt zurück, und im Triumphe
Zeigt ihr uns, was ihr für uns erobert:
Ein Stücklein Brot.

Gut, das ist das Stück Brot
Aber wo ist
Der Brotlaib?

Wir brauchen nicht nur den Flicken
Wir brauchen den ganzen Rock.
Wir brauchen nicht nur das Stück Brot
Wir brauchen den Brotlaib selbst.
Wir brauchen nicht nur den Arbeitsplatz
Wir brauchen die ganze Fabrik.
Und die Kohle und das Erz und
Die Macht im Staat.
So, das ist, was wir brauchen.
Aber was
Bietet ihr uns an?

Die Arbeiter bis auf Karpow und Smilgin ab.

KARPOW: Also Streik! *Ab.*

Pelagea Wlassowa kommt zurück und setzt sich hin, ihre Einnahmen überzählend.

SMILGIN *mit einem Flugblatt in der Hand*: Also Sie verteilen das? Wissen Sie denn, daß diese Zettel Streik bedeuten?

PELAGEA WLASSOWA: Streik? Wieso?

SMILGIN: Diese Flugblätter fordern die Belegschaft der Suchlinow-Werke zum Streik auf.

PELAGEA WLASSOWA: Davon verstehe ich nichts.

SMILGIN: Warum verteilen Sie dann das?

PELAGEA WLASSOWA: Wir haben schon unsere Gründe. Warum verhaftet man unsere Leute?

SMILGIN: Wissen Sie denn überhaupt, was drinnen steht?

PELAGEA WLASSOWA: Nein, ich kann nicht lesen.

SMILGIN: So werden uns die Leute verhetzt. Ein Streik ist eine schlimme Sache. Morgen früh gehen sie nicht zur Arbeit. Was ist morgen abend? Und was wird nächste Woche sein? Der Firma ist es gleich, ob wir weiterarbeiten oder nicht, aber für uns ist es lebensnotwendig. *Der Betriebspolizist kommt mit dem Portier gelaufen.* Anton Antonowitsch, suchen Sie etwas?

DER PORTIER: Ja, es sind wieder Flugblätter, die zum Streik auffordern, verteilt worden. Ich weiß nicht, wie sie hereinkommen. Was haben Sie denn da?

Smilgin versucht, das Flugblatt in die Tasche zu stecken.

DER BETRIEBSPOLIZIST: Was stecken Sie denn in Ihre Tasche? *Er zieht es heraus.* Ein Flugblatt!

DER PORTIER: Sie lesen diese Flugblätter, Smilgin?

SMILGIN: Anton Antonowitsch, mein Freund, es ist uns sicher erlaubt, zu lesen, was wir wollen.

DER BETRIEBSPOLIZIST: So? *Ihn beim Kragen packend und mit sich ziehend:* Ich will dir zeigen, was es heißt, Flugblätter zu lesen, die in deiner Fabrik zum Streik auffordern!

SMILGIN: Ich bin nicht für den Streik, Karpow kann das bezeugen.

DER BETRIEBSPOLIZIST: Dann sag, woher du das Flugblatt hast.

SMILGIN *nach einer Pause*: Es hat am Boden gelegen.

DER BETRIEBSPOLIZIST *schlägt ihn*: Dir werde ich's geben! Flugblätter!

Der Betriebspolizist und der Portier mit Smilgin ab.

PELAGEA WLASSOWA: Der Mann hat doch nur eine Gurke gekauft!

4

Pelagea Wlassowa erhält ihre erste Lektion in Ökonomie.

Stube der Pelagea Wlassowa

PELAGEA WLASSOWA: Pawel, ich habe heute in eurem Auftrag die Flugblätter verteilt, die ihr mir gegeben habt, damit der Verdacht von dem jungen Menschen, den ihr hineingebracht habt, abgelenkt wird. Als ich mit dem Verteilen fertig war, mußte ich mit eigenen Augen sehen, daß noch ein Mensch, der nichts tat, als dies Flugblatt lesen, verhaftet wurde. Was habt ihr mich machen lassen?

ANTON: Wir danken Ihnen, Frau Wlassowa, für ihre geschickte Arbeit.

PELAGEA WLASSOWA: So, das nennt ihr Geschicklichkeit? Und was ist mit Smilgin, den ich durch meine Geschicklichkeit ins Gefängnis gebracht habe?

ANDREJ: Sie haben ihn nicht ins Gefängnis gebracht. Unseres Wissens haben ihn die Polizisten ins Gefängnis gebracht.

IWAN: Er ist wieder freigelassen worden, da man hat feststellen müssen, daß er einer der wenigen war, die gegen den Streik gestimmt haben. Aber jetzt ist er für den Streik. Frau Wlassowa, Sie haben mitgearbeitet an der Einigung der Arbeiter in den Suchlinow-Werken. Wie Sie wohl gehört haben, ist fast einstimmig der Streik beschlossen worden.

PELAGEA WLASSOWA: Ich wollte keinen Streik machen, sondern einem Menschen helfen. Warum werden Leute verhaftet, wenn sie Flugblätter lesen? Was stand in dem Flugblatt?

MASCHA: Als Sie es verteilten, haben Sie einer guten Sache geholfen.

PELAGEA WLASSOWA: Was stand in dem Flugblatt?

PAWEL: Was meinst du, was darin gestanden hat?

PELAGEA WLASSOWA: Etwas Unrechtes.

ANTON: Es ist uns klar, Frau Wlassowa, daß wir Ihnen Rechenschaft schulden.

PAWEL: Setz dich zu uns, Mutter, wir wollen es dir erklären.

Sie legen ein Tuch über das Sofa, Iwan hängt einen neuen Spiegel an die Wand, Mascha stellt einen neuen Schmalztopf auf den Tisch. Dann holen sie sich Stühle und setzen sich um Pelagea Wlassowa herum.

IWAN: Sehen Sie, in dem Flugblatt stand, daß wir Arbeiter es uns nicht gefallen lassen sollen, wenn Herr Suchlinow nach seinem Belieben die Löhne kürzt, die er uns zahlt.

PELAGEA WLASSOWA: Unsinn, was wollt ihr denn dagegen machen? Warum soll Herr Suchlinow nicht nach seinem Belieben die Löhne kürzen können, die er euch zahlt? Gehört ihm seine Fabrik oder gehört sie ihm nicht?

PAWEL: Sie gehört ihm.

PELAGEA WLASSOWA: So. Der Tisch zum Beispiel gehört mir. Jetzt frage ich euch: kann ich mit diesem Tisch machen, was ich will?

ANDREJ: Ja, Frau Wlassowa. Mit diesem Tisch können Sie machen, was Sie wollen.

PELAGEA WLASSOWA: So. Kann ich ihn zum Beispiel auch kurz und klein schlagen, wenn ich will?

ANTON: Ja, diesen Tisch können Sie kurz und klein schlagen, wenn Sie wollen.

PELAGEA WLASSOWA: Aha! Kann also Herr Suchlinow mit

seiner Fabrik, die ihm gehört wie mir mein Tisch, machen, was er will?

PAWEL: Nein.

PELAGEA WLASSOWA: Wieso nicht?

PAWEL: Weil er zu seiner Fabrik uns Arbeiter braucht.

PELAGEA WLASSOWA: Wenn er aber sagt, er braucht euch jetzt nicht?

IWAN: Sehen Sie, Frau Wlassowa, das müssen Sie sich so vorstellen: er kann uns einmal brauchen und einmal nicht brauchen.

ANTON: Richtig.

IWAN: Wenn er uns braucht, müssen wir da sein, und wenn er uns nicht braucht, dann sind wir eben auch da. Wo sollen wir hin? Und das weiß er. Er braucht uns nicht immer, aber wir brauchen ihn immer. Damit rechnet er. Der Herr Suchlinow hat doch da seine Maschinen stehen. Das ist aber unser Handwerkszeug. Wir haben sonst keines. Wir haben keinen Webstuhl mehr und keine Drehbank, sondern wir benützen eben die Maschinen des Herrn Suchlinow. Seine Fabrik gehört ihm, aber wenn er sie zumacht, nimmt er uns damit unser Handwerkszeug weg.

PELAGEA WLASSOWA: Weil ihm euer Handwerkszeug gehört wie mir mein Tisch.

ANTON: Ja, aber finden Sie das denn richtig, daß ihm unser Handwerkszeug gehört?

PELAGEA WLASSOWA *laut*: Nein! Aber ob ich es richtig finde oder ob ich es nicht richtig finde, deswegen gehört es ihm doch. Es kann ja jemand auch nicht richtig finden, daß mir mein Tisch gehört.

ANDREJ: Da sagen wir: es ist ein Unterschied, ob Ihnen ein Tisch gehört oder eine Fabrik.

MASCHA: Ein Tisch kann Ihnen natürlich gehören, ein Stuhl auch. Das schadet doch niemand. Wenn Sie ihn auf den Dachboden stellen, was soll das schon schaden? Aber wenn Ihnen eine Fabrik gehört, dann können Sie damit vielen hundert Menschen schaden.

IWAN: Denn Sie haben in Ihrem Besitz *ihr* Handwerkszeug und können damit die Menschen ausnutzen.

PELAGEA WLASSOWA: Ja, also er kann uns ausnutzen. Tut doch nicht, als wenn ich das noch nicht gemerkt hätte in vierzig Jahren. Nur *eines* habe ich nicht bemerkt, nämlich daß man dagegen etwas hätte machen können.

ANTON: Frau Wlassowa, wir sind also jetzt, was das Eigentum des Herrn Suchlinow betrifft, so weit, daß seine Fabrik ein ganz anderes Eigentum ist als zum Beispiel Ihr Tisch. Er kann sein Eigentum dazu benutzen, um uns auszunutzen.

IWAN: Und sein Eigentum hat noch etwas Eigentümliches an sich: ohne daß er uns damit ausnutzt, ist es für ihn überhaupt nichts wert. Nur solange es unser Handwerkszeug ist, ist es für ihn viel wert. Wenn es nicht mehr unser Produktionsmittel ist, ist es ein Haufen altes Eisen. Er ist also auch auf uns angewiesen mit seinem Eigentum.

PELAGEA WLASSOWA: Gut, aber wie wollt ihr ihm das beweisen, daß er auf euch angewiesen ist?

ANDREJ: Sehen Sie, wenn er, Pawel Wlassow, hinaufgeht zum Herrn Suchlinow und sagt: Herr Suchlinow, ohne mich ist Ihre Fabrik ein Haufen altes Eisen, und Sie können mir also meinen Lohn nicht abbauen, wie es Ihnen beliebt, dann lacht der Herr Suchlinow und schmeißt den Wlassow hinaus. Aber wenn alle Wlassows in Twer, achthundert Wlassows, dastehen und das gleiche sagen, dann lacht Herr Suchlinow nicht mehr.

Pelagea Wlassowa: Und das ist euer Streik?

Pawel: Ja, das ist unser Streik.

Pelagea Wlassowa: Und das stand in dem Flugblatt?

Pawel: Ja, das stand in dem Flugblatt.

Pelagea Wlassowa: Ein Streik ist eine schlimme Sache. Von was soll ich kochen, was wird aus der Miete? Morgen früh geht ihr nicht zur Arbeit, was ist morgen abend? Und was wird nächste Woche sein? Aber gut, wir werden auch über das irgendwie hinüberkommen. Aber wenn nur das mit dem Streik drinnen gestanden hat, warum hat dann die Polizei Leute verhaftet? Was hat damit die Polizei zu tun?

Pawel: Ja, Mutter, das fragen wir dich: was hat damit die Polizei zu tun?

Pelagea Wlassowa: Wenn wir unseren Streik mit Herrn Suchlinow austragen, das geht doch die Polizei nichts an. Ihr müßt das falsch angefaßt haben. Da sind sicher Mißverständnisse vorgekommen. Man hat geglaubt, ihr wollt etwas Gewalttätiges. Was ihr müßtet, wäre, der ganzen Stadt zeigen, daß euer Streit mit der Direktion ein friedlicher und gerechter ist. Das wird einen großen Eindruck machen.

Iwan: Genau das wollen wir tun, Frau Wlassowa. Am 1. Mai, dem internationalen Kampftag der Arbeiter, wo alle Twersker Betriebe für die Befreiung der Arbeiterklasse demonstrieren, werden wir Transparente tragen, durch die wir alle Twersker Betriebe auffordern, unsern Kampf um die Kopeke zu unterstützen.

Pelagea Wlassowa: Wenn ihr ruhig durch die Straßen marschiert und nur eure Transparente tragt, kann niemand etwas dagegen haben.

Andrej: Wir nehmen an, daß der Herr Suchlinow es sich nicht gefallen lassen wird.

PELAGEA WLASSOWA: Ja, das muß er sich gefallen lassen.

IWAN: Die Polizei wird wahrscheinlich die Demonstration auseinandertreiben.

PELAGEA WLASSOWA: Was hat die Polizei mit diesem Suchlinow zu tun? Die Polizei steht zwar über euch, aber ebensogut steht sie über dem Herrn Suchlinow.

PAWEL: Du glaubst also, Mutter, gegen eine friedliche Demonstration wird die Polizei nichts unternehmen?

PELAGEA WLASSOWA: Ja, das glaube ich. Das ist ja nichts Gewalttätiges. Über etwas Gewalttätiges würden wir uns niemals einigen. Du weißt, daß ich an einen Gott im Himmel glaube. Ich will nichts von Gewalt wissen. Ich habe sie vierzig Jahre lang kennengelernt und konnte nichts tun gegen die Gewalt. Aber wenn ich sterbe, möchte ich wenigstens nichts Gewalttätiges getan haben.

5

Bericht vom 1. Mai 1905.

Straße

PAWEL: Als wir Arbeiter von den Suchlinow-Werken über den Wollmarkt kamen, stießen wir auf den Zug der anderen Betriebe, es waren schon viele Tausende. Wir trugen Transparente, darauf stand: Arbeiter, unterstützt unseren Kampf gegen die Lohnsenkung! Arbeiter, vereinigt euch!

IWAN: Wir marschierten ruhig und in Ordnung. An Liedern

wurde gesungen: «Wacht auf, Verdammte dieser Erde» und «Brüder zur Sonne, zur Freiheit». Unser Betrieb kam direkt hinter der großen roten Fahne.

ANDREJ: Neben mir marschierte Pelagea Wlassowa dicht hinter ihrem Sohn. Als wir diesen in der Frühe abgeholt hatten, war sie plötzlich angekleidet aus der Küche gekommen, und auf unsere Frage, wohin sie wolle, hatte sie geantwortet:

PELAGEA WLASSOWA: Mit euch gehen.

ANTON: Solche wie sie gingen viele mit uns, denn der strenge Winter, die Lohnsenkungen in den Betrieben und unsere Agitation hatten viele zu uns geführt. Bevor wir zum Erlöserboulevard kamen, sahen wir einige Polizisten und keine Soldaten, aber an der Ecke des Erlöserboulevards und der Twerskaja stand plötzlich eine zweifache Kette von Soldaten. Als die unsere Fahne und unsere Transparente sahen, schrie plötzlich eine Stimme uns zu: Achtung! Auseinandergehen! Es wird geschossen. Und: Fahne weg! Unser Zug kam ins Stocken.

PAWEL: Aber da die hinten Marschierenden nachrückten, konnten die Vorderen nicht stehenbleiben, und jetzt wurde geschossen. Als die ersten Leute umschlugen, erfolgte nichts weiter als eine Verwirrung. Viele konnten nicht glauben, daß das, was sie sahen, wirklich geschehen war. Dann setzten sich die Soldaten in Bewegung auf die Menge zu.

PELAGEA WLASSOWA: Ich war mitgegangen, um für die Sache der Arbeiter zu demonstrieren. Es waren lauter ordentliche Leute, die da marschierten, die ihr Leben lang gearbeitet hatten. Freilich waren auch Verzweifelte darunter, die durch die Arbeitslosigkeit zum Äußersten getrieben waren, und Hungrige, die zu schwach waren, sich zur Wehr zu setzen.

ANDREJ: Wir standen immer noch ziemlich vorn, und wir gingen auch nicht auseinander, als geschossen wurde.

PAWEL: Wir hatten unsere Fahne, Smilgin trug sie, und wir dachten auch nicht daran, sie wegzugeben, denn jetzt schien uns, ohne daß wir uns verständigten, daß es wichtig wäre, daß sie gerade uns träfen und niedermachten und die Fahne, gerade unsere, die r o t e, wegnähmen. Dies wollten wir aber, damit alle Arbeiter sähen, wer wir sind und wofür wir sind, nämlich für die Arbeiter.

ANDREJ: Die gegen uns waren, mußten sich benehmen wie die wilden Tiere. Weil sie dafür von den Suchlinows ihren Lebensunterhalt bekamen.

MASCHA: Endlich würde es jeder sehen, und unsere Fahne, die r o t e, mußte besonders hoch gehalten werden, allen sichtbar, nicht zum wenigsten den Soldaten, aber auch allen anderen.

IWAN: Und die sie nicht sahen, denen sollte es erzählt werden, heute noch oder morgen oder in den nächsten Jahren, so lange, bis sie w i e d e r gesehen würde. Denn, das glaubten wir zu wissen, und viele wußten es sicher in diesem Augenblick, sie würde immer wieder gesehen werden, von jetzt ab bis zur völligen Umänderung aller Dinge, die auf dem Marsch ist: unsere Fahne, die die gefährlichste ist für alle Ausbeuter und Herrschenden, die unerbittlichste!

ANTON: Aber für uns Arbeiter die endgültige!

ALLE:

Darum werdet ihr sie sehen
Immer wieder
Gern oder ungern

Je nach eurer Stellung in diesem Kampf
Der nicht mehr anders enden wird als
Mit unserem vollständigen Sieg
In allen Städten aller Länder
Wo es Arbeiter gibt.

PELAGEA WLASSOWA: Aber an diesem Tag trug sie der Arbeiter Smilgin.

SMILGIN: Mein Name ist Smilgin. Ich habe zwanzig Jahre lang der Bewegung angehört. Ich war einer der ersten, die im Betriebe revolutionäre Aufklärung verbreiteten. Wir haben um die Löhne gekämpft und um bessere Arbeitsbedingungen. Dabei habe ich im Interesse meiner Kollegen oftmals mit den Unternehmern verhandelt. Anfangs voller Feindschaft, aber dann, ich gebe es zu, dachte ich, es ginge anders leichter. Wenn wir unseren Einfluß vermehrten, dachte ich, würden wir mitzubestimmen haben. Das war wohl falsch. Jetzt stehe ich hier, hinter mir sind es schon viele Tausende, aber vor uns steht wieder die Gewalt. Sollen wir die Fahne weggeben?

ANTON: Gib sie nicht weg, Smilgin! Es geht nicht durch Verhandeln, sagten wir. Und Pelagea Wlassowa sagte ihm:

PELAGEA WLASSOWA: Du mußt sie nicht hergeben, es kann dir nichts geschehen. Gegen eine friedliche Demonstration kann die Polizei nichts haben.

MASCHA: Und in diesem Augenblick schrie ein Polizeioffizier uns zu: Gebt die Fahne heraus!

IWAN: Und Smilgin sah hinter sich und sah hinter seiner Fahne unsere Transparente und auf den Transparenten unsere Losungen. Und hinter den Transparenten standen die Streikenden von den Suchlinow-Werken. Und wir sahen hin, was er neben uns, einer von uns, mit der Fahne machte.

Pawel: Zwanzig Jahre in der Bewegung, Arbeiter, Revolutionär, am 1. Mai 1905, vormittags 11 Uhr an der Ecke des Erlöserboulevards, im entscheidenden Augenblick. Er sagte:

Smilgin: Ich gebe sie nicht her! Es wird nicht verhandelt.

Andrej: Gut, Smilgin, sagten wir. So ist es recht. Jetzt ist alles in Ordnung.

Iwan: Ja, sagte er und fiel vornüber auf sein Gesicht, denn sie hatten ihn schon abgeschossen.

Andrej: Und sie liefen hin, vier, fünf Mann, um sich die Fahne zu holen. Aber die Fahne lag neben ihm. Da bückte sich unsere Pelagea Wlassowa, die Ruhige, Gleichmütige, die Genossin, und griff nach der Fahne.

Pelagea Wlassowa: Gib die Fahne her, Smilgin, sagte ich. Gib sie her! Ich werde sie schon tragen. Das wird alles noch anders werden!

6

Wohnung des Lehrers Wessowtschikow in Rostow

a

Iwan Wessowtschikow bringt Pelagea Wlassowa nach der Verhaftung ihres Sohnes zu seinem Bruder Nikolai, dem Lehrer.

Iwan: Nikolai Iwanowitsch, ich bringe dir hier die Mutter unseres Freundes Pawel, Pelagea Wlassowa. Ihr Sohn ist wegen der Vorgänge bei der Demonstration am 1. Mai verhaftet worden. Daraufhin ist ihr in ihrer alten Wohnung gekündigt worden, und wir haben ihrem Sohn versprochen, sie in Sicherheit zu bringen. Deine Wohnung ist unverdächtig. Niemand kann behaupten, daß du irgend etwas mit der revolutionären Bewegung zu tun hast.

Der Lehrer Wessowtschikow: Jawohl, das ist nur die Wahrheit. Ich bin Lehrer und würde meine Stellung verlieren, wenn ich, wie du, solchen Hirngespinsten nachjagen wollte.

Iwan: Ich hoffe aber, daß du Frau Wlassowa, die keine Unterkunft hat, dennoch hierbehalten wirst. Du wirst mir, deinem Bruder, damit einen Gefallen tun.

Der Lehrer: Ich habe keinen Grund, dir einen Gefallen zu tun. Ich mißbillige alles, was du machst, außerordentlich. Es ist alles Unsinn. Das habe ich dir oft genug bewiesen. Aber das betrifft nicht Sie, Frau Wlassowa. Ihre Notlage sehe ich ein. Außerdem habe ich sowieso eine Aufwärterin nötig. Sie sehen, daß hier große Unordnung herrscht.

IWAN: Du müßtest ihr natürlich etwas Geld für ihre Arbeit geben, sie muß doch ihrem Sohn ab und zu etwas schicken.

DER LEHRER: Ich könnte Ihnen natürlich nur ein ganz kleines Gehalt aussetzen.

IWAN: Er versteht von Politik soviel wie dieser Stuhl, aber er ist kein Unmensch.

DER LEHRER: Du bist ein Dummkopf, Iwan. Frau Wlassowa, in der Küche ist ein Sofa, darauf können Sie schlafen. Ich sehe, daß Sie ihre eigene Wäsche mitgebracht haben. Hier ist die Küche, Frau Wlassowa.

Pelagea Wlassowa geht mit ihrem Bündel in die Küche und beginnt sich dort einzurichten.

IWAN: Ich danke dir, Nikolai Iwanowitsch, und bitte dich, auf die Frau achtzugeben. Sie soll nicht sogleich wieder mit Politik zu tun haben. Sie ist in die Unruhen des 1. Mai hineingekommen und soll jetzt zur Ruhe kommen. Sie sorgt sich um das Schicksal ihres Sohnes. Du bist mir für sie verantwortlich.

DER LEHRER: Ich werde sie nicht in die Politik hineinziehen, wie ihr das macht.

b

Der Lehrer Wessowtschikow überrascht die Wlassowa bei der Agitation.

In der Küche sitzen um Pelagea Wlassowa Nachbarn.

FRAU: Wir haben gehört, der Kommunismus ist ein Verbrechen.

Pelagea Wlassowa: Das ist nicht wahr, der Kommunismus ist gut für uns. Was spricht gegen den Kommunismus? *Sie singt:*

LOB DES KOMMUNISMUS

Er ist vernünftig, jeder versteht ihn. Er ist leicht.
Du bist doch kein Ausbeuter, du kannst ihn begreifen.
Er ist gut für dich, erkundige dich nach ihm.
Die Dummköpfe nennen ihn dumm, und die
Schmutzigen nennen ihn schmutzig.
Er ist gegen den Schmutz und gegen die Dummheit.
Die Ausbeuter nennen ihn ein Verbrechen
Wir aber wissen:
Er ist das Ende der Verbrechen.
Er ist keine Tollheit, sondern
Das Ende der Tollheit.
Er ist nicht das Rätsel
Sondern die Lösung.
Er ist das Einfache
Das schwer zu machen ist.

Frau: Warum aber sehen das nicht alle Arbeiter ein?

Der Arbeitslose Sigorski *zitiert*: Weil sie in Unwissenheit gehalten werden darüber, daß sie ausgebeutet werden und daß dies ein Verbrechen ist und daß es möglich ist, diesem Verbrechen ein Ende zu bereiten.

Sie verstummen, denn der Lehrer tritt in die Stube nebenan.

Der Lehrer: Ich komme da ermüdet von der Bierkneipe, den Kopf noch voll von Debatten, wobei ich wieder großen Ärger mit diesem Dummkopf Sachar hatte, der mir immer widersprach, obwohl ich natürlich recht hatte, und freue mich schon auf meine ruhigen vier Wände. Ich denke, ich nehme noch ein Fußbad und lese dabei die Zeitung.

PELAGEA WLASSOWA *kommt herein*: Was, Sie sind schon zurück, Nikolai Iwanowitsch?

DER LEHRER: Ja, und ich bitte Sie, mir ein heißes Fußbad zu bereiten. Ich werde es in der Küche nehmen.

PELAGEA WLASSOWA: Es ist sehr gut, daß Sie gekommen sind, Nikolai Iwanowitsch, sehr gut, da Sie gleich wieder weggehen müssen. Eben sagte mir die Nachbarin, Ihr Freund Sachar Smerdjakow sei vor einer Stunde dagewesen. Er habe Ihnen aber nichts hinterlassen können, da er Sie dringend persönlich sprechen muß.

DER LEHRER: Frau Wlassowa, ich war mit meinem Freund Sachar Smerdjakow den ganzen Abend zusammen.

PELAGEA WLASSOWA: So? Aber die Küche ist in Unordnung, Nikolai Iwanowitsch. Die Wäsche hängt. *Murmeln in der Küche.*

DER LEHRER: Seit wann redet meine Wäsche beim Trocknen und – *deutet auf den Samowar, den sie in den Händen hält* – seit wann trinken meine Hemden Tee?

PELAGEA WLASSOWA: Nikolai Iwanowitsch, ich muß Ihnen gestehen, daß wir zu einer kleinen Unterhaltung bei einer Tasse Tee zusammensitzen.

DER LEHRER: So. Was sind es denn für Leute?

PELAGEA WLASSOWA: Ich weiß nicht, ob Sie sich wohlfühlen würden bei ihnen, Nikolai Iwanowitsch. Es sind keine besonders wohlhabenden Leute.

DER LEHRER: Aha – dann redet ihr wieder von Politik! Ist der Arbeitslose Sigorski dabei?

PELAGEA WLASSOWA: Ja, und seine Frau und sein Bruder mit

seinem Sohn und sein Onkel und seine Tante. Es sind sehr verständige Menschen, und auch Sie würden mit Interesse Ihren Ausführungen folgen.

DER LEHRER: Frau Wlassowa, habe ich Sie nicht seinerzeit darauf aufmerksam gemacht, daß ich in meinem Hause nichts Politisches wünsche? Jetzt komme ich aus meiner Bierkneipe müde nach Hause und finde meine Küche voll von Politik. Ich bin überrascht, Frau Wlassowa, ich bin sehr überrascht.

PELAGEA WLASSOWA: Nikolai Iwanowitsch, es tut mir leid, daß ich Sie enttäuschen mußte. Ich habe den Leuten vom 1. Mai berichtet. Sie wissen nicht genug davon.

DER LEHRER: Was wissen Sie von Politik, Frau Wlassowa? Heute abend erst habe ich meinem Freund Sachar, einem sehr intelligenten Menschen, gesagt: «Sachar Smerdjakow, die Politik ist das Schwierigste und Undurchsichtigste, was es auf Erden gibt.»

PELAGEA WLASSOWA: Sie sind sicher sehr müde und angestrengt. Aber wenn Sie noch etwas Zeit hätten – wir alle waren uns heute abend darüber einig, daß Sie uns vieles erklären könnten, auch in bezug auf den 1. Mai, der sehr undurchsichtig ist.

DER LEHRER: Ich habe allerdings wenig Lust, mich mit dem Arbeitslosen Sigorski herumzustreiten. Ich könnte höchstens versuchen, ihnen die Grundbegriffe der Politik beizubringen. Aber wirklich, Frau Wlassowa, ich habe große Bedenken, Sie in der Gesellschaft von so anrüchigen Leuten zu wissen. Nehmen Sie den Samowar mit und etwas Brot und einige Gurken.

Sie gehen in die Küche.

c

Pelagea Wlassowa lernt lesen.

DER LEHRER *vor einer Schultafel*: Ihr wollt also lesen lernen. Ich begreife zwar nicht, wozu ihr das in eurer Lage brauchen könntet, einige von euch sind auch schon etwas alt dafür. Aber ich will es Frau Wlassowa zuliebe versuchen. Habt ihr alle was zum Schreiben? Also ich schreibe jetzt drei einfache Wörter an: Ast. Nest. Fisch. Ich wiederhole: Ast. Nest. Fisch. *Schreibt.*

SIGORSKI: Wozu solche Wörter?

PELAGEA WLASSOWA *sitzt mit drei anderen am Tisch*: Bitte, Nikolai Iwanowitsch, muß es eigentlich gerade Ast, Nest, Fisch sein? Wir sind alte Leute und müssen doch rasch die Wörter lernen, die wir brauchen!

DER LEHRER *lächelt*: Sehen Sie: woran Sie das Lesen lernen, ist völlig gleichgültig.

PELAGEA WLASSOWA: Wieso? Wie zum Beispiel schreibt man «Arbeiter»? Das interessiert unsern Pawel Sigorski.

SIGORSKI: «Ast» kommt doch nie vor.

PELAGEA WLASSOWA: Er ist Metallarbeiter.

DER LEHRER: Aber die Buchstaben kommen darin vor.

ARBEITER: Aber in dem Wort «Klassenkampf» kommen doch auch die Buchstaben vor!

DER LEHRER: Ja, aber ihr müßt mit dem Einfachsten anfangen, nicht gleich mit dem Schwierigsten! «Ast» ist einfach.

SIGORSKI: «Klassenkampf» ist viel einfacher.

DER LEHRER: Es gibt doch gar keinen Klassenkampf. Das wollen wir zunächst einmal feststellen.

SIGORSKI *steht auf*: Dann kann ich von Ihnen nichts lernen, wenn es bei Ihnen keinen Klassenkampf gibt!

Pelagea Wlassowa: Du sollst hier lesen und schreiben lernen, und das kannst du auch hier. Lesen, das ist Klassenkampf!

Der Lehrer: Ich halte das alles für Unsinn. Was soll das jetzt wieder heißen: Lesen ist Klassenkampf! Wozu dieses Gerede überhaupt? *Schreibt.* Also das heißt: Arbeiter. Nachschreiben!

Pelagea Wlassowa: Lesen ist Klassenkampf, damit meinte ich: wenn die Soldaten in Twer unsere Transparente hätten lesen können, hätten sie vielleicht gar nicht auf uns geschossen. Es waren lauter Bauernsöhne.

Der Lehrer: Seht ihr, ich selber bin Lehrer, und ich lehre lesen und schreiben seit achtzehn Jahren, aber ich will euch mal was sagen: im Innersten weiß ich, es ist alles Unsinn. Bücher sind Unsinn. Davon wird der Mensch immer nur schlechter. Ein einfacher Bauer ist schon einfach dadurch ein besserer Mensch, weil er nicht durch die Zivilisation verdorben ist.

Pelagea Wlassowa: Und wie schreibt man also «Klassenkampf»? Pawel Sigorski, du mußt die Hand fest auflegen, sonst zittert sie, und dann wird die Schrift undeutlich.

Der Lehrer *schreibt*: Klassenkampf. *Zu Sigorski:* Sie müssen in einer geraden Linie schreiben und nicht über den Rand. Wer über den Rand schreibt, der übertritt auch die Gesetze. Da haben nun Generationen und Generationen Wissen auf Wissen gehäuft und Bücher auf Bücher geschrieben. Und die Technik ist weiter, als sie je war. Und was hat es genützt? Die Verwirrung ist auch größer, als sie je war. Man sollte den ganzen Krempel ins Meer werfen, wo es am tiefsten ist, alle Bücher und Maschinen ins Schwarze Meer. Widersteht dem Wissen! Seid ihr fertig? Manchmal habe ich Stunden, wo ich ganz in Melancholie versinke. Was, frage ich dann, sollen solche wirklich großen Gedanken, die nicht nur das Jetzt, sondern das Immer und Ewig, das allgemein Menschliche schlechthin umfassen, mit Klassenkampf zu tun haben?

SIGORSKI *murmelnd*: Solche Gedanken nützen gar nichts. Während ihr in Melancholie versinkt, beutet ihr uns aus.

PELAGEA WLASSOWA: Sei still, Pawel Sigorski! Bitte, wie schreibt man eigentlich «Ausbeutung»?

DER LEHRER: Ausbeutung! Das steht ja auch nur in Büchern. Als ob ich schon einmal jemand ausgebeutet hätte! *Schreibt.*

SIGORSKI: Das sagt er nur, weil er von der Beute nichts bekommt.

PELAGEA WLASSOWA *zu Sigorski*: Das «A» bei «Ausbeutung» ist genau wie das «A» bei «Arbeiter».

DER LEHRER: Wissen hilft ja nicht. Güte hilft.

PELAGEA WLASSOWA: Gib es nur her, dein Wissen, wenn du es nicht brauchst.

LOB DES LERNENS

Von den Lernenden gesungen.

Lerne das Einfachste, für die
Deren Zeit gekommen ist
Ist es nie zu spät!
Lerne das ABC, es genügt nicht, aber
Lerne es! Laß es dich nicht verdrießen
Fang an! Du mußt alles wissen!
Du mußt die Führung übernehmen.

Lerne, Mann im Asyl!
Lerne, Mann im Gefängnis!
Lerne, Frau in der Küche!
Lerne, Sechzigjährige!
Du mußt die Führung übernehmen.
Suche die Schule auf, Obdachloser!
Verschaffe dir Wissen, Frierender!
Hungriger, greif nach dem Buch: es ist eine Waffe.
Du mußt die Führung übernehmen.

Scheue dich nicht zu fragen, Genosse!
Laß dir nichts einreden
Sieh selber nach!
Was du nicht selber weißt
Weißt du nicht.
Prüfe die Rechnung.
Du mußt sie bezahlen.
Lege den Finger auf jeden Posten
Frage: wie kommt er hierher?
Du mußt die Führung übernehmen.

Pelagea Wlassowa *steht auf*: Für heute ist es genug. Wir können uns nicht mehr soviel auf einmal merken. Sonst schläft unser Pawel Sigorski wieder die ganze Nacht nicht. Wir danken Ihnen, Nikolai Iwanowitsch. Wir können Ihnen nur sagen, Sie helfen uns sehr, indem Sie uns lesen und schreiben lehren.

Der Lehrer: Ich glaube es nicht. Übrigens will ich nicht sagen, daß eure Meinungen keinen Sinn haben. Ich werde in unserer nächsten Stunde darauf zurückkommen.

d

Iwan Wessowtschikow erkennt seinen Bruder nicht mehr.

IWAN: Die Genossen hier in Rostow haben mit mir über Ihre Arbeit gesprochen, Pelagea Nilowna – auch über Ihre Fehler. Sie haben mir aufgetragen, Ihnen etwas zu übergeben: Ihr Parteibuch.

PELAGEA WLASSOWA: Ich danke euch. *Sie nimmt es in Empfang.*

IWAN: Hat Ihnen Pawel geschrieben?

PELAGEA WLASSOWA: Nein. Ich bin in großer Sorge um ihn. Das schlimmste ist, daß ich niemals weiß, was er gerade macht oder was sie mit ihm machen. Ich weiß zum Beispiel nicht einmal, ob sie ihm genug zu essen geben und ob er nicht etwa friert? Bekommen sie dort eigentlich Dekken?

IWAN: In Odessa gab es Decken.

PELAGEA WLASSOWA: Ich bin sehr stolz auf ihn. Ich habe Glück: ich habe einen Sohn, der nötig ist. *Sie rezitiert:*

LOB DES REVOLUTIONÄRS

Manche sind zuviel.
Wenn sie fort sind, ist es besser
Doch wenn er nicht da ist, fehlt er.

Wenn die Unterdrückung zunimmt
Werden viele entmutigt
Aber sein Mut wächst.

Er organisiert seinen Kampf
Um den Lohngroschen, um das Teewasser
Und um die Macht im Staat.

Er fragt das Eigentum:
Woher kommst du?
Er fragt die Ansichten:
Wem nützt ihr?

Wo immer geschwiegen wird
Dort wird er sprechen
Und wo Unterdrückung herrscht und von Schicksal
die Rede ist
Wird er die Namen nennen.

Wo er sich zu Tisch setzt
Setzt sich die Unzufriedenheit zu Tisch.
Das Essen wird schlecht
Und als eng wird erkannt die Kammer.

Wohin sie ihn jagen, dorthin
Geht der Aufruhr, und wo er verjagt ist
Bleibt die Unruhe doch.

DER LEHRER *kommt*: Guten Tag, Iwan.

IWAN: Guten Tag, Nikolai.

DER LEHRER: Ich freue mich, dich immer noch in Freiheit zu sehen.

IWAN: Ich wollte mich wieder einmal nach Pelagea Nilowna umsehen und ihr einige von unseren Zeitungen bringen. *Der Lehrer greift nach den Blättern.* Die Verhaftungen sind sehr schlimm für unsere Bewegung. Ssidor und Pawel zum

Beispiel wissen viele von den Adressen der Bauern, die unsere Zeitungen lesen wollen.

PELAGEA WLASSOWA: Ich verstehe. Wir haben auch schon darüber gesprochen, daß man überall mit den Bauern reden müßte.

DER LEHRER: Da müßte man noch mit vielen Leuten reden, 120 Millionen Bauern, das könnt ihr ja gar nicht. Überhaupt Revolution, das geht nicht in diesem Land mit diesen Leuten. Der Russe wird nie eine Revolution machen. Das ist eine Sache für den Westen. Die Deutschen, das sind Revolutionäre, die werden eine Revolution machen.

IWAN: Aus einigen Gouvernements hört man, daß die Bauern schon Gutshöfe zerstören und Gutsherrenland in Besitz nehmen. Sie beschlagnahmen Getreide und andere Vorräte der Gutsbesitzer und verteilen sie an die Hungernden. Die Bauern kommen in Bewegung.

DER LEHRER: Was bedeutet das schon? *Zur Mutter:* Lesen Sie einmal, was bereits die fortschrittlichen Schriftsteller des vorigen Jahrhunderts über die Psychologie des russischen Bauern geschrieben haben.

PELAGEA WLASSOWA: Gern. Ich habe jetzt das Material über den dritten Parteitag lesen können, dank Nikolai Iwanowitschs Unterricht im Lesen und Schreiben.

DER LEHRER: Das ist auch wieder so eine Verrücktheit von eurem Lenin, daß er dem Proletariat einreden will, es könne in der Revolution die Führung übernehmen. Solche Lehren werden noch den letzten Rest der Möglichkeit vernichten, daß eine Revolution stattfindet. Sie schrecken das fortschrittliche Bürgertum doch einfach ab, Revolution zu machen.

IWAN: Wie denken Sie darüber, Pelagea Nilowna?

Pelagea Wlassowa: Führen ist sehr schwer. Schon der Metallarbeiter Sigorski macht mir das Leben sauer mit seinem Eigensinn, und gebildeten Leuten kann man überhaupt nichts beweisen.

Der Lehrer: Könnt ihr eure Zeitung nicht etwas unterhaltender schreiben? Das liest doch niemand.

Pelagea Wlassowa: Wir lesen sie nicht zur Unterhaltung, Nikolai Iwanowitsch.

Iwan lacht.

Der Lehrer: Was ist denn?

Iwan: Wo hast du das schöne Zarenbild hingehängt? Das Zimmer sieht ganz kahl aus.

Der Lehrer: Ich habe mir gedacht, ich hänge es einmal für einige Zeit weg. Es wird langweilig, wenn man es immer vor sich hat. Übrigens, warum steht in euren Zeitungen nichts über die Mißstände in den Schulen?

Iwan: Ich meinte nur – weil es langweilig ist, kannst du doch das Bild nicht weggehängt haben?

Pelagea Wlassowa: Sagen Sie das nicht! Nikolai Iwanowitsch will immer etwas Neues.

Iwan: So.

Der Lehrer: Jedenfalls sehe ich es nicht gern, wenn man mich als einen Idioten behandelt. Ich habe dich etwas in bezug auf eure Zeitung gefragt.

Iwan: Ich kann mich nicht erinnern, Nikolai, daß in deiner Wohnung sich je irgend etwas geändert hätte. Schon der Rahmen hat zwölf Rubel gekostet.

Der Lehrer: Dann kann ich ja den Rahmen wieder hinhängen. Du hast mich immer für einen Dummkopf gehalten, deshalb bist du selbst ein Dummkopf.

IWAN: Ich bin überrascht, Nikolai, deine hetzerischen Reden und deine verächtliche Haltung gegenüber unserem Zaren wundern mich. Du scheinst ein Agitator geworden zu sein. Du hast auch einen so entschlossenen Blick bekommen. Es ist geradezu gefährlich, dich anzuschauen.

PELAGEA WLASSOWA: Ärgern Sie Ihren Bruder nicht! Er ist ein sehr vernünftiger Mensch. Ich habe ihn an den Blutigen Sonntag des Zaren erinnert. Und da viele Kinder bei ihm etwas lernen, ist es sehr wichtig, was er über die Zustände sagt. Außerdem hat er uns Lesen und Schreiben beigebracht.

IWAN: Hoffentlich hast du, als du sie lesen lehrtest, auch etwas gelernt.

DER LEHRER: Nein – ich habe gar nichts gelernt. Diese Leutchen verstehen noch sehr wenig vom Marxismus. Ich will Sie nicht kränken, Frau Wlassowa. Es ist natürlich eine sehr komplizierte Sache und ohne einen geschulten Kopf überhaupt nicht verstehbar. Die Eigentümlichkeit dabei ist, daß die Leute, die das nie verstehen werden, es wie warme Semmeln hineinfressen. Der Marxismus an sich ist nicht schlecht. Er hat sogar manches für sich, wenn natürlich auch große Lücken da sind und Marx in einigen entscheidenden Punkten die Sache direkt falsch sieht. Ich könnte da allerhand zu diesem Thema sagen. Natürlich ist das Ökonomische wichtig, aber nicht nur das Ökonomische ist wichtig. Es ist auch wichtig. Soziologie? Ich verspreche mir zum Beispiel ebensoviel von der Biologie. Ich frage: Wo ist das allgemein Menschliche in dieser Lehre? Der Mensch wird sich immer gleich bleiben.

PELAGEA WLASSOWA *zu Iwan*: Aber er hat sich schon ziemlich geändert, nicht wahr?

Iwan verabschiedet sich.

IWAN: Frau Wlassowa, ich erkenne meinen Bruder nicht mehr.

7

Pelagea Wlassowa besucht ihren Sohn im Gefängnis.

Gefängnis

PELAGEA WLASSOWA: Der Aufseher wird sehr achtgeben, aber ich muß dennoch die Adressen der Bauern erfahren, die nach unserer Zeitung verlangt haben. Hoffentlich behalte ich diese vielen Namen im Kopf.

Der Aufseher bringt Pawel herein.

PELAGEA WLASSOWA: Pawel!

PAWEL: Wie geht es dir, Mama?

AUFSEHER: Sie müssen sich so setzen, daß ein Abstand zwischen Ihnen bleibt. Dahin und dahin. Politische Gespräche dürfen nicht stattfinden.

PAWEL: Also sprich von zu Hause, Mutter!

PELAGEA WLASSOWA: Ja, Pawel.

PAWEL: Bist du untergebracht?

PELAGEA WLASSOWA: Beim Lehrer Wessowtschikow.

PAWEL: Kümmern sie sich um dich?

PELAGEA WLASSOWA: Ja. Aber wie geht es dir?

PAWEL: Ich hatte schon Sorge, ob sie dich auch genügend unterstützen können.

PELAGEA WLASSOWA: Dein Bart ist stark gewachsen.

PAWEL: Ja, ich sehe ein wenig älter aus, nicht?

PELAGEA WLASSOWA: Ich war auch bei Smilgins Begräbnis. Die Polizei hat wieder um sich gehauen und einige verhaftet. Wir sind alle dabei gewesen.

AUFSEHER: Das ist politisch, Frau Wlassowa!

PELAGEA WLASSOWA: So? Wirklich? Man weiß gar nicht, worüber man reden soll!

AUFSEHER: Dann sind ja Ihre Besuche überflüssig. Zu reden haben Sie nichts, aber Sie kommen hierhergelaufen und stören uns. Ich trage doch die Verantwortung.

PAWEL: Hilfst du im Haushalt?

PELAGEA WLASSOWA: Auch. Wessowtschikow und ich wollen nächste Woche aufs Land fahren.

PAWEL: Der Lehrer?

PELAGEA WLASSOWA: Nein.

PAWEL: Wollt ihr euch erholen?

PELAGEA WLASSOWA: Ja. *Leise:* Wir brauchen die Adressen. *Laut:* Oh, Pawel, du fehlst uns allen sehr.

PAWEL *leise*: Ich habe die Adressen bei der Verhaftung verschluckt, ich weiß nur noch ein paar auswendig.

PELAGEA WLASSOWA: Oh, Pawel, ich hätte nie gedacht, daß ich meine alten Tage so zubringen müßte.

PAWEL *leise*: Luschin in Pirogowo.

PELAGEA WLASSOWA *leise*: Und in Krapiwna? *Laut:* Wirklich, Kummer machst du mir!

PAWEL *leise*: Sulinowski.

PELAGEA WLASSOWA: Ich bete auch für dich. *Leise:* Sulinowski in Krapiwna. *Laut:* Ich verbringe meine Abende einsam bei der Lampe sitzend.

PAWEL *leise*: Terek in Tobraja.

Pelagea Wlassowa: Und der Lehrer Wessowtschikow beschwert sich schon über den Trubel.

Pawel *leise*: Und von ihnen erfahrt ihr die anderen Adressen.

Aufseher: Die Besuchszeit ist herum.

Pelagea Wlassowa: Noch eine Minute, lieber Herr. Ich bin so verwirrt. Ach, Pawel, was bleibt uns alten Leuten schon übrig, als uns zu verkriechen, damit man uns nicht mehr sehen muß, denn wir sind zu nichts mehr nütze. *Leise:* Luschin in Pirogowo. *Laut:* Man läßt es uns merken, unsere Zeit ist um. Vor uns liegt nichts mehr. Was wir wissen, ist vergangen. *Leise:* Sulinowski in Tobraja. *Pawel schüttelt den Kopf.* In Krapiwna. *Laut:* Und unsere Erfahrungen betreffen nichts mehr. Unser Rat ist schädlich, denn zwischen uns und unseren Söhnen ist eine Kluft, unüberbrückbar. *Leise:* Terek in Tobraja. *Laut:* Wir gehen hierhin und ihr geht dorthin. *Leise:* Terek in Tobraja. *Laut:* Wir haben nichts Gemeinsames. Die Zeit, die kommt, ist die eure!

Aufseher: Aber die Besuchszeit ist um.

Pawel *verbeugt sich*: Leb wohl, Mutter.

Pelagea Wlassowa *verbeugt sich ebenfalls*: Leb wohl, Pawel.

LIED

Von dem Darsteller des Pawel gesungen.

Sie haben Gesetzbücher und Verordnungen
Sie haben Gefängnisse und Festungen
(Ihre Fürsorgeanstalten zählen wir nicht!)
Sie haben Gefängniswärter und Richter
Die viel Geld bekommen und zu allem bereit sind.

Ja, wozu denn?
Glauben sie denn, daß sie uns damit kleinkriegen?

Eh sie verschwinden, und das wird bald sein
Werden sie gemerkt haben, daß ihnen das alles nichts
mehr nützt.

Sie haben Zeitungen und Druckereien
Um uns zu bekämpfen und mundtot zu machen
(Ihre Staatsmänner zählen wir nicht!)
Sie haben Pfaffen und Professoren
Die viel Geld bekommen und zu allem bereit sind.

Ja, wozu denn?
Müssen sie denn die Wahrheit so fürchten?

Eh sie verschwinden, und das wird bald sein
Werden sie gemerkt haben, daß ihnen das alles nichts
mehr nützt.

Sie haben Tanks und Kanonen
Maschinengewehre und Handgranaten
(Die Gummiknüppel zählen wir nicht!)
Sie haben Polizisten und Soldaten
Die wenig Geld bekommen und zu allem bereit sind.

Ja, wozu denn?
Haben sie denn so mächtige Feinde?

Sie glauben, da muß doch ein Halt sein
Der sie, die Stürzenden, stützt.
Eines Tages, und das wird bald sein

Werden sie sehen, daß ihnen alles nichts nützt.
Und da können sie noch so laut «Halt!» schrein
Weil sie weder Geld noch Kanone mehr schützt!

8

Im Sommer 1905 wurde das Land durch Bauernunruhen und Landarbeiterstreiks erschüttert.

a

Landstraße

Pelagea Wlassowa, die in Begleitung zweier Arbeiter kommt, wird mit Steinwürfen empfangen. Ihre Begleiter ergreifen die Flucht.

PELAGEA WLASSOWA *mit einer großen Beule an der Stirn, zu den Steinwerfern*: Warum werft ihr denn mit Steinen nach uns?

JEGOR: Weil ihr Streikbrecher seid.

PELAGEA WLASSOWA: Ach, wir sind Streikbrecher? Darum haben wir es so eilig! Wo wird denn hier gestreikt?

JEGOR: Auf dem Smirnowschen Gut.

PELAGEA WLASSOWA: Und ihr seid die Streikenden? Das merke ich an meiner Beule. Ich bin aber keine Streikbrecherin. Ich komme aus Rostow und will einen Gutsarbeiter sprechen. Er heißt Jegor Luschin.

JEGOR: Luschin, das bin ich.

Pelagea Wlassowa: Pelagea Wlassowa.

Jegor: Bist du das, die man hier im Bezirk «die Mutter» nennt?

Pelagea Wlassowa: Ja. Ich habe unsere Zeitungen mit für euch. Wir wußten nicht, daß ihr im Streik steht, ich sehe aber, daß ihr euren Kampf mit Schärfe führt. *Übergibt Luschin die Zeitungen.*

Jegor: Entschuldige, daß wir dir eine Beule geworfen haben. Unser Streik steht schlecht. Mit dir sind Streikbrecher aus der Stadt gekommen und morgen werden wieder welche erwartet. Wir haben nichts zu fressen, aber für sie schlachtet der Gutsmetzger schon die Schweine und Kälber. Da, siehst du, wie der Schornstein der Gutsküche für die Streikbrecher raucht?

Pelagea Wlassowa: Es ist wirklich eine Schande.

Jegor: Die Gutsmetzgerei, die Gutsbäckerei und die Gutsmelkerei streiken natürlich nicht.

Pelagea Wlassowa: Warum nicht? Habt ihr mit ihnen geredet?

Jegor: Das hat doch keinen Zweck. Warum sollen die streiken? Der Lohn wurde diesmal nur uns Landarbeitern abgebaut.

Pelagea Wlassowa: Gib mir die Zeitungen noch mal her. *Sie teilt den Zeitungspacken in zwei Teile und gibt ihm nur den einen zurück.*

Jegor: Und die? Warum gibst du uns nicht alle?

Pelagea Wlassowa: Die kommen in die Gutsmetzgerei, Gutsbäckerei und Gutsmelkerei. Da sind doch auch Arbeiter, mit denen muß man reden. Wo ein Arbeiter sitzt, ist noch nicht alles verloren.

Jegor: Mach dir keine Mühe! *Ab.*

PELAGEA WLASSOWA: So zerfleischen wir uns, Arbeiter und Arbeiter, und die Ausbeuter lachen über uns.

b

Gutsküche

Zwei Streikbrecher sitzen beim Essen und sprechen mit dem Gutsmetzger.

EIN STREIKBRECHER *kauend zum andern*: Wer sein Land in der Stunde der Gefahr im Stich läßt, der ist ein Schuft! Und ein Arbeiter, der streikt, läßt sein Land im Stich.

DER METZGER *beim Fleischklopfen*: Wieso sein Land?

ERSTER STREIKBRECHER: Es sind Russen, und hier ist Rußland. Und den Russen gehört Rußland.

DER METZGER: Ah, wirklich?

ZWEITER STREIKBRECHER: Jawohl! Wer das nicht fühlt – das Fleisch ist nicht ganz durch –, dem kann man's auch nicht klarmachen. Aber den Schädel kann man ihm einschlagen.

DER METZGER: Richtig!

ERSTER STREIKBRECHER: Dieser Tisch ist Vaterland, das Fleisch ist Vaterland.

DER METZGER: Aber nicht ganz durch ist es.

ZWEITER STREIKBRECHER: Der Platz, auf dem ich hier sitze, ist Vaterland. Und siehst du – *zum Metzger* –, du bist auch ein Stück Vaterland.

DER METZGER: Aber ich bin auch nicht ganz durch!

ERSTER STREIKBRECHER: Jeder muß sein Vaterland verteidigen.

DER METZGER: Ja, wenn es seines ist!

ZWEITER STREIKBRECHER: Das ist eben dieser niedrige Materialismus.

DER METZGER: Arschloch!

Die Frau des Metzgers führt Pelagea Wlassowa herein, die ihre Verletzung am Kopf sehr übertreibt.

DIE FRAU DES METZGERS: Setzen Sie sich hierher! Ich mache Ihnen einen kalten Umschlag, und dann essen Sie etwas, damit Sie sich von Ihrem Schrecken erholen. *Zu den andern:* Sie haben mit einem Stein nach ihr geworfen.

ERSTER STREIKBRECHER: Ja, das ist die Frau. Sie ist mit uns im Zug gefahren.

ZWEITER STREIKBRECHER: Das haben die Streikenden gemacht. Wir hatten schon die größte Sorge um sie.

DIE FRAU DES METZGERS: Wird es langsam besser?

Pelagea Wlassowa nickt.

ZWEITER STREIKBRECHER: Gott sei Dank.

DIE FRAU DES METZGERS: Wie die Tiere kämpfen sie um das bißchen Arbeit. Eine solche Beule! *Sie geht Wasser holen.*

PELAGEA WLASSOWA *zum Zuschauer*: Wieviel mehr Mitleid erweckt eine Beule bei denen, die Beulen erwarten, als bei denen, die Beulen austeilen!

ERSTER STREIKBRECHER *deutet mit der Gabel auf die Mutter*: Diese russische Frau wurde von russischen Arbeitern mit Steinen beworfen. Sind Sie eine Mutter?

PELAGEA WLASSOWA: Ja.

ERSTER STREIKBRECHER: Eine russische Mutter wird mit Steinen beworfen!

DER METZGER: Ja, mit russischen! *Zum Zuschauer:* Und diesem Gelichter muß ich meine gute Suppe geben. *Zu Pelagea Wlassowa:* Warum haben sie denn auf Sie geworfen?

PELAGEA WLASSOWA *während sie sich mit einem nassen Lappen die Beule kühlt*: Sie haben mich mit Streikbrechern zusammen gehen sehen.

ZWEITER STREIKBRECHER: Das sind Schufte!

PELAGEA WLASSOWA: Wieso sind das eigentlich Schufte? Ich dachte mir gerade vorhin, vielleicht sind es gar keine Schufte.

DIE FRAU DES METZGERS: Warum haben sie denn mit Steinen nach Ihnen geworfen?

PELAGEA WLASSOWA: Weil sie gedacht haben, ich bin ein Schuft.

DIE FRAU DES METZGERS: Wie konnten sie denken, Sie sind ein Schuft?

PELAGEA WLASSOWA: Weil sie dachten, ich bin ein Streikbrecher.

DER METZGER *lächelt*: So glauben Sie also, nach Streikbrechern darf man mit Steinen werfen?

PELAGEA WLASSOWA: Ja, doch.

DER METZGER *strahlend zu seiner Frau*: Gib ihr zu essen! Gib ihr sofort was zu essen! Gib ihr zwei Teller! *Er tritt zu Pelagea Wlassowa.* Mein Name ist Wassil Jefimowitsch! *Der Frau nachrufend:* Und hol das Personal herein. Die können was lernen hier.

Das Personal tritt in die Tür.

DER METZGER: Diese Frau ist von Streikenden mit Steinen beworfen worden. Sie hat eine Beule am Kopf. Hier ist sie. Ich frage sie nun: Warum haben Sie die Beule? Sie sagt: Weil man mich für eine Streikbrecherin gehalten hat. Ich frage: Darf man nach Streikbrechern mit Steinen werfen? Und was sagt sie da?

PELAGEA WLASSOWA: Ja.

DER METZGER: Meine Lieben, wie ich das hörte, sagte ich: Gebt ihr zu essen! Gebt ihr zwei Teller! *Zu Pelagea Wlassowa:* Warum essen Sie denn nicht? Ist es Ihnen zu heiß? *Zur Frau:* Mußt du ihr das Essen kochend hinstellen? Soll sie sich das Maul verbrennen?

PELAGEA WLASSOWA *schiebt den Teller von sich*: Nein Wassil Jefimowitsch, das Essen ist nicht zu heiß.

DER METZGER: Warum essen Sie dann nicht?

PELAGEA WLASSOWA: Weil es doch für die Streikbrecher gekocht ist.

DER METZGER: Für wen ist es gekocht?

PELAGEA WLASSOWA: Für die Streikbrecher.

DER METZGER: So! Das ist interessant. Ich bin also auch ein Schuft? Seht ihr, ich bin ein Schuft! Und warum bin ich ein Schuft? Weil ich die Streikbrecher unterstütze. *Zu Pelagea Wlassowa:* Ist es so? *Er setzt sich zu ihr.* Aber ist das Streiken denn nicht ein Unrecht? Du meinst, es kommt darauf an, warum gestreikt wird? *Pelagea Wlassowa nickt.* Du meinst, der Lohn wurde doch gekürzt. Aber warum soll der Lohn nicht gekürzt werden können? Sieh mal, was du da siehst, das gehört alles dem Herrn Smirnow, der in Odessa wohnt. Warum soll er nicht die Löhne kürzen können? *Während die Streikbrecher ihm erfreut zustimmen:* Ist es nicht sein Geld? Du glaubst also nicht, er kann die Löhne einmal zwei Rubel sein lassen und einmal zwei Kopeken? So, das glaubst du also nicht? Was war denn im letzten Jahr? Da wurde doch sogar mir der Lohn gekürzt. Und was tat ich – *zu seiner Frau* – auf dein Anraten?

Nichts! Und was wird im September sein? Da werde ich wieder gekürzt! Und wessen mache ich mich jetzt schuldig? Des Verrats an Leuten, die auch gekürzt werden und die es sich nicht gefallen lassen. Was bin ich also? *Zu Pelagea Wlassowa:* Du ißt also mein Essen nicht? Darauf habe ich nur gewartet, daß ein anständiger Mensch mir ins Gesicht sagen muß: er als anständiger Mensch ißt mein Essen nicht. Jetzt ist das Maß voll. Das Maß war schon lange voll. Aber es bedurfte eines Tropfens – *er zeigt auf Pelagea Wlassowa* –, daß es überlief. Zorn und Unzufriedenheit genügen nicht. So etwas muß praktische Folgen haben. *Zu den Streikbrechern:* Sagt eurem Herrn Smirnow, er soll euch das Essen aus Odessa schicken. Sie soll euch gefälligst selber kochen, die Sau.

DIE FRAU: Reg dich doch nicht auf.

DER METZGER: Ich habe nicht umsonst in Fabrikkantinen gekocht. Ich bin da weggegangen, weil mir der Dreckbetrieb nicht paßte. *Während ihn seine Frau zu beruhigen versucht:* Ich dachte, ich gehe aufs Land, da ist's anständig, und was finde ich? Auch ein Dreckloch, wo ich Streikbrecher vollstopfen soll.

DIE FRAU: Da können wir ja wieder ziehen.

DER METZGER: Sehr richtig, wir ziehen. *Groß:* Holt die Kessel mit den Linsen her. Und du holst allen Speck. Was da hinget und hanget! Wozu ist es gekocht?

DIE FRAU: Du machst dich unglücklich! Du bringst uns noch ins Elend.

DER METZGER *zu den Streikbrechern*: Hinaus, ihr Retter des Vaterlandes! Wir streiken. Das Küchenpersonal streikt! Raus! *Er treibt die Streikbrecher hinaus.* Als Metzger bin ich gewohnt, daß zuletzt ich lache und nicht die Sau. *Er tritt, den Arm um die Schulter seiner Frau, vor Pelagea Wlassowa hin.* Und jetzt geh hinaus und sage denen, die den Stein auf dich geworfen haben, daß die Suppe für sie fertig ist.

LOB DER WLASSOWAS

Rezitiert vom Gutsmetzger und seinen Leuten.

Das ist unsere Genossin Wlassowa, gute Kämpferin.
Fleißig, listig und zuverlässig.
Zuverlässig im Kampf, listig gegen unsern Feind und fleißig
Bei der Agitation. Ihre Arbeit ist klein
Zäh verrichtet und unentbehrlich.
Sie ist nicht allein, wo immer sie kämpft.
Wie sie kämpfen zäh, zuverlässig und listig
In Twer, Glasgow, Lyon und Chikago
Shanghai und Kalkutta
Alle Wlassowas aller Länder, gute Maulwürfe
Unbekannte Soldaten der Revolution
Unentbehrlich.

9

1912. Pawel kehrt aus der Verbannung in Sibirien zurück.

Wohnung des Lehrers Wessowtschikow

Pelagea Wlassowa, Wassil Jefimowitsch und ein junger Arbeiter bringen in die Wohnung des Lehrers Wessowtschikow eine Druckmaschine.

Der Lehrer: Pelagea Wlassowa, Sie können mir hier keine Druckmaschine aufstellen. Das heißt, meine Sympathie für die Bewegung mißbrauchen. Sie wissen, daß ich theoretisch auf Ihrem Boden stehe, aber dies geht darüber weit hinaus.

Pelagea Wlassowa: Verstehe ich Sie richtig, Nikolai Iwanowitsch: Sie sind für unsere Flugblätter – ich erinnere Sie daran, daß Sie das letzte Flugblatt für die Gemeindearbeiter selber entworfen haben –, aber Sie sind dagegen, daß man sie druckt?

Sie montieren die Druckmaschine auf.

Der Lehrer: Nein. Aber daß man sie hier druckt, dagegen bin ich.

Pelagea Wlassowa *beleidigt*: Wir nehmen dies zur Kenntnis, Nikolai Iwanowitsch.

Sie arbeiten weiter.

Der Lehrer: Ja und?

Der Arbeiter: Wenn die Wlassowa sich einmal etwas in den Kopf gesetzt hat, ist nichts zu machen. Wir haben schon die größten Anstände mit ihr gehabt in dieser Hinsicht. Aber es wird kein Mensch etwas merken.

Pelagea Wlassowa: Wir müssen jetzt deshalb mehr Zeitungen drucken, weil man sie uns immerfort konfisziert.

Der Lehrer geht ins Nebenzimmer und liest. Sie beginnen zu drucken, die Maschine macht einen großen Lärm. Der Lehrer stürzt herein.

Pelagea Wlassowa: Sie ist ein wenig laut, nicht?

Der Lehrer: Bei mir fällt die Lampe von der Wand! Es ist

ganz unmöglich, daß ihr hier ungesetzliche Schriften druckt, wenn es solchen Lärm macht.

PELAGEA WLASSOWA: Nikolai Iwanowitsch, das ist uns auch aufgefallen, daß die Maschine ein wenig laut ist.

WASSIL JEFIMOWITSCH: Wenn wir etwas zum Drunterlegen hätten, könnte man in den Nachbarwohnungen überhaupt nichts hören. Haben Sie etwas zum Drunterlegen, Nikolai Iwanowitsch?

DER LEHRER: Nein, ich habe nichts.

PELAGEA WLASSOWA: Seien Sie doch nicht so laut! Die Nachbarin hat mir einen Filz gezeigt, den sie für Mäntel für ihre Kinder gekauft hat. Ich will ihn mir ausbitten. Druckt inzwischen nicht weiter.

Sie geht zur Nachbarin.

WASSIL JEFIMOWITSCH *zum Lehrer*: Nikolai Iwanowitsch, es ist uns unangenehm, daß Sie mit ihr unzufrieden sind.

DER ARBEITER: Eigentlich haben wir sie hierhergebracht, damit sie vor der Politik Ruhe hat. Wassil Jefimowitsch, wir hätten hier niemals eine illegale Druckerei aufgemacht. Aber sie wollte es ja nicht anders haben.

DER LEHRER: Ich bin sehr böse. Ich mißbillige es zum Beispiel aufs äußerste, daß ihr sie auch noch ausplündert. Neulich komme ich heim und muß sehen, wie sie mit ihrem alten Portemonnaie dasteht und ihre paar Kopeken herausfischt, als Mitgliedsbeitrag.

WASSIL JEFIMOWITSCH: Ja, es wird uns nichts geschenkt. Die Revolution wird gegen das Elend gemacht und dann kostet sie noch Geld. Die Mutter ist sehr streng beim Einsammeln der Beiträge. Das ist wieder ein halber Brotlaib, sagt sie, auf den wir verzichten müssen für unsere Sache. Unsere Firma muß Sprünge machen können, sagt sie beim Kassieren.

Es klopft. Sie verdecken die Maschine, der Lehrer öffnet.

PAWELS STIMME *von draußen*: Wohnt hier Pelagea Wlassowa? Mein Name ist Pawel Wlassow.

DER LEHRER: Ihr Sohn!

PAWEL *tritt ein*: Guten Tag.

ALLE: Guten Tag.

PAWEL: Wo ist denn meine Mutter?

DER LEHRER: Bei der Nachbarin.

WASSIL JEFIMOWITSCH: Sie kommt gleich zurück. Deine Mutter hat uns erzählt, du warst . . .

PAWEL: Verreist!

WASSIL JEFIMOWITSCH *lacht*: Ja.

Sie hören, wie die Wlassowa zurückkommt.

DER ARBEITER: Setz dich hierher. Wir wollen dich für deine Mutter aufbauen.

Sie setzen Pawel auf einen Stuhl der Tür gegenüber und stellen sich um ihn auf. Pelagea Wlassowa kommt herein.

PELAGEA WLASSOWA: Pawel! *Sie umarmt ihn.* Er wird immer magerer! Statt dicker wird er magerer! Ich dachte mir, daß sie dich nicht lang halten könnten. Wie bist du ihnen ausgekommen? Wie lang kannst du hierbleiben?

PAWEL: Abends muß ich weiter.

PELAGEA WLASSOWA: Aber deinen Mantel kannst du doch noch ausziehen?

Pawel zieht seinen Mantel aus.

DER LEHRER: Ich höre, ihr wollt die Freiheit erkämpfen, aber dabei macht ihr die schlimmste Sklaverei in eurer Partei auf. Eine schöne Freiheit! Nichts als Befehle und Zwang!

PELAGEA WLASSOWA: Sehen Sie, Nikolai Iwanowitsch, das ist so. Wir haben nicht soviel gegen diese Befehle wie Sie. Wir brauchen sie nötiger. Wir haben, nehmen Sie es nicht übel, mehr vor als Sie. Mit der Freiheit ist das ähnlich wie mit Ihrem Geld, Nikolai Iwanowitsch. Seit ich Ihnen nur noch wenig Taschengeld gebe, können Sie sich viel mehr kaufen. Indem Sie eine Zeitlang weniger Geld ausgeben, können Sie dann mehr Geld ausgeben. Das können Sie nicht bestreiten.

DER LEHRER: Ich werde es aufgeben, mich mit Ihnen zu streiten. Sie sind schrecklich tyrannisch.

PELAGEA WLASSOWA: Ja, das müssen wir sein, allerdings.

WASSIL JEFIMOWITSCH: Haben Sie den Filz bekommen? *Zu Pawel:* Wir müssen mit der Zeitung bis acht Uhr fertig sein!

PAWEL: Dann druckt los!

PELAGEA WLASSOWA *strahlend:* Fangt sofort mit dem Drukken an, damit wir dann etwas mehr Zeit haben! Was sagt ihr dazu: diese Marfa Alexandrowna schlägt mir meine Bitte ins Gesicht hinein ab! Ihre Begründung: Der Filz ist zu Mänteln für die Kinder bestimmt. Ich sage: «Marfa Alexandrowna, ich habe Ihre Kinder erst vorhin aus der Schule kommen sehen. In Mänteln!» – «Mänteln», sagt sie, «das sind keine Mäntel, das sind geflickte Lumpen. Die Schulkinder lachen schon darüber.» – «Marfa Alexandrowna», sage ich, «arme Leute haben schlechte Mäntel. Geben Sie mir den Filz wenigstens bis morgen früh. Ich versichere Ihnen, er wird Ihren Kindern mehr nützen, wenn Sie ihn mir geben, als ihnen ein hübscher Mantel nützt.» Aber sie war die Unvernunft selber. Sie hat ihn mir tatsächlich nicht gegeben. Nicht für zwei Kopeken Verstand!

Sie nimmt unter ihrer Schürze ein paar Filzstücke heraus und legt sie unter die Maschine.

DER LEHRER: Aber was ist denn das?
PELAGEA WLASSOWA: Der Filz doch!

Alle lachen.

WASSIL JEFIMOWITSCH: Warum beschweren Sie sich dann so ausführlich über diese Marfa Alexandrowna?
PELAGEA WLASSOWA: Weil sie mich gezwungen hat, ihn zu stehlen, denn haben müssen wir ihn doch. Und für ihre Kinder ist es sehr gut, daß solche Zeitungen gedruckt werden. Das ist die lautere Wahrheit!
WASSIL JEFIMOWITSCH: Pelagea Wlassowa, wir danken Ihnen im Namen der Revolution für den Filz!

Gelächter.

PELAGEA WLASSOWA: Morgen gebe ich ihn wieder hinüber. *Zu Pawel, der sich gesetzt hat:* Willst du ein Stück Brot haben?
WASSIL JEFIMOWITSCH *bei der Maschine*: Und wer nimmt die Blätter hier heraus?

Pelagea Wlassowa stellt sich an die Maschine.
Pawel sucht sich Brot.

PELAGEA WLASSOWA: Schau in der Lade nach.
PAWEL: Kümmere dich nicht um mich, ich habe sogar in Sibirien einmal ein Stück Brot gefunden.

PELAGEA WLASSOWA: Hört ihr, er macht mir Vorwürfe. Ich kümmere mich nicht um ihn. Ich werde dir wenigstens das Brot abschneiden.

DER LEHRER: Und wer nimmt die Blätter hier heraus?

PAWEL *schneidet sich ein Stück Brot vom Laib, während die andern drucken*: Die Blätter werden herausgenommen von der Mutter des Revolutionärs Pawel Wlassow, der Revolutionärin Pelagea Wlassowa. Kümmert sie sich um ihn? Keineswegs! Setzt sie ihm den Tee vor? Bereitet sie ihm ein Bad? Schlachtet sie ein Kalb? Keineswegs! Flüchtend von Sibirien nach Finnland unter den eisigen Stößen des Nordwinds, die Salven der Gendarmen im Ohr, findet er keine Stätte, wo er sein Haupt hinlegen kann, außer in einer illegalen Druckerei. Und seine Mutter, statt ihm über das Haar zu streichen, nimmt die Blätter heraus!

PELAGEA WLASSOWA: Wenn du uns helfen willst, komm her. Andrej macht dir Platz.

Pawel nimmt an der Druckmaschine den Platz seiner Mutter gegenüber ein. Sie rezitieren:

PELAGEA WLASSOWA: Ist es dir nicht schlecht gegangen?

PAWEL: Bis auf den Typhus ging alles gut.

PELAGEA WLASSOWA: Hast du wenigstens immer richtig gegessen?

PAWEL: Bis auf dann, wenn ich nichts hatte, ja.

PELAGEA WLASSOWA: Gib acht auf dich. Wirst du lang fort sein?

PAWEL: Wenn ihr hier gut arbeitet, nicht.

PELAGEA WLASSOWA: Werdet ihr dort auch arbeiten?

PAWEL: Sicher. Und dort ist es so wichtig wie hier.

Es klopft, Sigorski tritt ein.

SIGORSKI: Pawel, du mußt sofort weg. Hier ist die Fahrkarte. Auf dem Bahnhof erwartet dich der Genosse Issay mit dem Paß.

PAWEL: Ich hatte gedacht, daß es wenigstens ein paar Stunden würden.

Er nimmt seinen Mantel.

PELAGEA WLASSOWA *will ihren Mantel holen*: Ich will mit hinuntergehen.

SIGORSKI: Nein, das gefährdet Pawel. Sie kennt man, aber ihn kennt man nicht!

Sie hilft ihm in seinen Mantel.

PAWEL: Auf Wiedersehen, Mutter!

PELAGEA WLASSOWA: Hoffentlich kann ich dir das nächste Mal das Brot abschneiden.

PAWEL: Hoffentlich. Auf Wiedersehen, Genossen!

Pawel und Sigorski ab.

DER LEHRER: Gott wird ihm helfen, Pelagea Wlassowa.

PELAGEA WLASSOWA: Das weiß ich nicht.

Sie kehrt zur Druckmaschine zurück, sie drucken weiter.

PELAGEA WLASSOWA *rezitiert*:

LOB DER DRITTEN SACHE

Immerfort hört man, wie schnell
Die Mütter die Söhne verlieren, aber ich
Behielt meinen Sohn. Wie behielt ich ihn? Durch
Die dritte Sache.

Er und ich waren zwei, aber die dritte
Gemeinsame Sache, gemeinsam betrieben, war es, die
Uns einte.
Oftmals selber hörte ich Söhne
Mit ihren Eltern sprechen.
Wieviel besser war doch unser Gespräch
Über die dritte Sache, die uns gemeinsam war
Vieler Menschen große, gemeinsame Sache!
Wie nahe waren wir uns, dieser Sache
Nahe! Wie gut waren wir uns, dieser
Guten Sache nahe!

10

Bei dem Versuch, die finnische Grenze zu überschreiten, ist Pawel Wlassow verhaftet und erschossen worden.

Wohnung des Lehrers

CHOR

Von den revolutionären Arbeitern der Wlassowa zugesungen.

Genossin Wlassowa, dein Sohn
Ist erschossen worden. Aber
Als er zur Wand ging, um erschossen zu werden
Ging er zu einer Wand, die von seinesgleichen gemacht war
Und die Gewehre, gerichtet auf seine Brust, und die Kugel
Waren von seinesgleichen gemacht. Nur fortgegangen
Waren sie also oder vertrieben, aber für ihn doch da
Und anwesend im Werk ihrer Hände. Nicht einmal

Die auf ihn schossen, waren andere als er und nicht ewig
auch unbelehrbar.
Freilich, er ging noch gefesselt mit Ketten, geschmiedet
Von den Genossen und angelegt dem Genossen, doch
Dichter wuchsen die Werke, er sah es vom Weg aus
Schornstein an Schornstein, und da es am Morgen war –
Denn man führt sie am Morgen hinaus für gewöhnlich –
Waren sie leer, aber er sah sie angefüllt
Mit jenem Heer, das immer gewachsen war
Und noch wuchs.
Ihn aber führten seinesgleichen zur Wand jetzt
Und er, der es begriff, begriff es auch nicht.

Drei Frauen kommen, sie bringen eine Bibel und einen Topf Essen.

DIE HAUSBESITZERIN *in der Tür*: Wir wollen alle Zwistigkeiten mit der Wlassowa vergessen, uns als Christen zu ihr setzen und unser Mitgefühl bezeigen.

Sie treten ein.

DIE HAUSBESITZERIN: Liebe Frau Wlassowa, Sie sind in diesen schweren Tagen nicht allein, das ganze Haus fühlt mit Ihnen.

Zwei der Frauen werden von Rührung übermannt und setzen sich. Sie schluchzen laut.

PELAGEA WLASSOWA *nach einer Weile*: Nehmen Sie ein wenig Tee. Das erfrischt.

Sie setzt ihnen Tee vor.

PELAGEA WLASSOWA: Ist es Ihnen jetzt etwas leichter?

Die Hausbesitzerin: Sie sind so gefaßt, Frau Wlassowa.

Ihre Nichte vom Land: Aber Sie haben recht. Wir stehen alle in Gottes Hand.

Die arme Frau: Und Gott weiß, was er tut.

Pelagea Wlassowa schweigt.

Die arme Frau: Wir haben gedacht, wir wollen uns etwas um Sie kümmern. Sicher kochen Sie sich in diesen Tagen nichts Richtiges. Hier wäre ein Topf mit Essen. Sie brauchen es nur aufzuwärmen. *Sie übergibt den Topf.*

Pelagea Wlassowa: Vielen Dank, Lydia Antonowna. Es ist eine große Freundlichkeit von Ihnen, daß Sie daran gedacht haben. Es ist überhaupt sehr freundlich von Ihnen allen, daß Sie gekommen sind.

Die Hausbesitzerin: Liebe Wlassowa, ich habe Ihnen auch eine Bibel mitgebracht für den Fall, daß Sie etwas lesen wollen. Sie können sie behalten, so lange Sie wollen. *Sie reicht Pelagea Wlassowa die Bibel.*

Pelagea Wlassowa: Ich danke Ihnen für Ihre gute Absicht, Wera Stepanowna. Es ist ein schönes Buch. Aber würde es Sie sehr kränken, wenn ich Ihnen das Buch zurückgäbe? Als der Lehrer Wessowtschikow in die Ferien fuhr, erlaubte er mir, seine Bücher zu benutzen.

Sie gibt die Bibel zurück.

Die Hausbesitzerin: Ich dachte nur, Ihre politischen Zeitungen würden Sie jetzt wohl nicht lesen wollen.

Die Nichte: Lesen Sie die wirklich jeden Tag?

Pelagea Wlassowa: Ja.

Die Hausbesitzerin: Frau Wlassowa, meine Bibel war mir oft ein großer Trost.

Schweigen.

DIE ARME FRAU: Haben Sie keine Fotografien von ihm?

PELAGEA WLASSOWA: Nein. Ich hatte welche. Aber dann haben wir alle vernichtet, damit die Polizei sie nicht in die Hände bekommt.

DIE ARME FRAU: Man hat doch gern etwas für die Erinnerung.

DIE NICHTE: Er soll so ein hübscher Mensch gewesen sein!

PELAGEA WLASSOWA: Jetzt erinnere ich mich, ich habe doch eine Fotografie. Das ist sein Steckbrief. Er hat ihn mir aus einer Zeitung ausgeschnitten.

Die Frauen betrachten den Steckbrief.

DIE HAUSBESITZERIN: Frau Wlassowa, da steht schwarz auf weiß, daß Ihr Sohn ein Verbrecher geworden ist. Er hatte keinen Glauben, und auch Sie haben nie ein Hehl daraus gemacht, ich möchte sagen, bei jeder Gelegenheit haben Sie erkennen lassen, was Sie von unserm Glauben halten.

PELAGEA WLASSOWA: Ja, nichts, Wera Stepanowna.

DIE HAUSBESITZERIN: Und sind Sie auch jetzt nicht zu einer anderen Überzeugung gekommen?

PELAGEA WLASSOWA: Nein, Wera Stepanowna.

DIE HAUSBESITZERIN: Sie sind also immer noch der Ansicht, daß man alles nur mit der Vernunft machen kann?

DIE ARME FRAU: Ich habe Ihnen gesagt, Wera Stepanowna, daß Frau Wlassowa ihre Ansicht sicher nicht geändert hat.

DIE HAUSBESITZERIN: Aber ich habe ja neulich in der Nacht durch die Wand gehört, wie Sie geheult haben.

PELAGEA WLASSOWA: Entschuldigen Sie.

DIE HAUSBESITZERIN: Sie brauchen sich nicht zu entschuldigen, ich habe es natürlich nicht so gemeint. Aber: haben Sie aus Vernunft geheult?

PELAGEA WLASSOWA: Nein.

DIE HAUSBESITZERIN: Sie sehen also, wieweit man mit der Vernunft kommt.

PELAGEA WLASSOWA: Ich habe nicht aus Vernunft geheult. Aber als ich aufhörte, habe ich aus Vernunft aufgehört. Es war gut, was Pawel gemacht hat.

DIE HAUSBESITZERIN: Warum wurde er dann erschossen?

DIE ARME FRAU: Da waren wohl alle gegen ihn?

PELAGEA WLASSOWA: Ja, aber als sie gegen ihn waren, waren sie auch gegen sich selber.

DIE HAUSBESITZERIN: Frau Wlassowa, der Mensch braucht Gott. Er ist machtlos gegen das Schicksal.

PELAGEA WLASSOWA: Wir sagen: das Schicksal des Menschen ist der Mensch.

DIE NICHTE: Liebe Frau Wlassowa, wir auf dem Lande . . .

DIE HAUSBESITZERIN *zeigt auf sie*: Meine Verwandte, sie ist nur zu Besuch hier.

DIE NICHTE: Wir auf dem Lande denken da anders. Sie hier haben keine Aussaat auf dem Feld stehen, sondern nur den Brotlaib in der Lade. Sie sehen nur die Milch, Sie sehen nicht die Kuh. Sie haben keine schlaflose Nacht, wenn die Gewitter am Himmel stehen, und was ist für Sie der Hagel?

PELAGEA WLASSOWA: Ich verstehe, und in solchen Lagen beten Sie zu Gott?

DIE NICHTE: Ja.

PELAGEA WLASSOWA: Und Sie machen Prozessionen und Bittgänge im Frühjahr.

DIE NICHTE: Richtig.

PELAGEA WLASSOWA: Und dann kommen die Gewitter, und dann hagelt es. Und die Kuh wird doch auch krank. Gibt es in eurer Gegend noch keine Bauern, die in einer Versicherung sind gegen Mißernte und Viehseuchen? Die Versicherung hilft, wenn das Beten nichts geholfen hat. Sie brauchen also nicht mehr zu Gott zu beten, wenn die Gewitter am Himmel stehen, aber Sie müssen versichert sein. Denn das hilft ihnen. Wenn er so unwichtig ist, das ist ungünstig für Gott. So besteht doch Hoffnung, daß dieser Gott, wenn er erst über euern Feldern verschwunden sein wird, auch in euern Köpfen verschwindet. In meiner Jugend glaubten alle Leute noch fest daran, daß er irgendwo im Himmel säße und aussähe wie ein alter Mann. Dann kamen die Flugzeuge, und in den Zeitungen stand, daß auch am Himmel neuerdings alles meßbar ist. Niemand redete mehr von einem Gott, der im Himmel sitzt. Dagegen hörte man jetzt oft die Ansicht, er sei wie eine Art Gas, nirgends und doch überall. Aber als man dann las, aus was die Gase alles bestanden, war Gott nicht darunter, und so konnte er sich auch als Luft nicht halten, denn die kannte man. So war er immer dünner geworden und hat sich sozusagen verflüchtigt. Jetzt liest man mitunter, er sei überhaupt nur eine geistige Bezeichnung, und das ist doch sehr verdächtig.

DIE ARME FRAU: So meinen Sie, er ist nicht mehr so wichtig, weil man ihn nicht mehr merkt?

DIE HAUSBESITZERIN: Vergessen Sie nicht, Frau Wlassowa, warum Gott Ihnen Ihren Pawel genommen hat.

PELAGEA WLASSOWA: Der Zar hat ihn mir genommen, und ich vergesse auch nicht warum.

DIE HAUSBESITZERIN: Gott hat ihn genommen und nicht der Zar.

PELAGEA WLASSOWA *zu der armen Frau*: Lydia Antonowna,

ich höre, daß Gott, der mir meinen Pawel genommen hat, nunmehr vorhat, Ihnen am nächsten Samstag Ihre Stube zu nehmen. Ist es richtig: Gott hat Ihnen gekündigt?

DIE HAUSBESITZERIN: Ich habe ihr gekündigt, weil sie die Miete schon dreimal nicht bezahlt hat.

PELAGEA WLASSOWA: Als Gott also über Sie, Wera Stepanowna, verhängte, daß Sie drei Mieten nicht bekommen sollten, was taten Sie da?

Wera Stepanowna schweigt.

PELAGEA WLASSOWA: Da warfen Sie Lydia Antonowna auf die Straße. Und Sie, Lydia Antonowna, was taten Sie, als Gott über Sie verhängte, daß Sie auf die Straße geworfen werden sollten? Ich würde Ihnen vorschlagen, die Hausbesitzerin zu bitten, Ihnen ihre Bibel zu leihen. Wenn Sie in der Kälte dann auf der Straße sitzen, können Sie darin blättern und Ihren Kindern daraus vorlesen, daß man Gott fürchten muß.

DIE HAUSBESITZERIN: Hätten Sie Ihrem Sohn mehr aus der Bibel vorgelesen, lebte er heute noch.

PELAGEA WLASSOWA: Aber sehr schlecht, er lebte sehr schlecht. Warum fürchtet ihr nur den Tod? Mein Sohn fürchtete den Tod nicht sosehr. *Sie rezitiert:*
Sehr aber erschrak er über das Elend
Das in unseren Städten vor aller Augen liegt.
Uns entsetzt der Hunger und die Verkommenheit
Derer, die ihn spüren und derer, die ihn bereiten.
Fürchtet doch nicht so den Tod und mehr das unzulängliche Leben!

Pause.

PELAGEA WLASSOWA: Was nützt es Ihnen, wenn Sie Gott fürchten, Lydia Antonowna? Sie sollten eher Wera Stepanowna fürchten. So wie meinen Sohn Pawel nicht der unerforschliche Ratschluß Gottes weggerafft hat, sondern der erforschliche Ratschluß des Zaren, so hat Sie Wera Stepanowna auf die Straße geworfen, weil Sie ein Mann, der in einer Villa sitzt und nichts Göttliches an sich hat, von Ihrem Arbeitsplatz weggejagt hat. Warum von Gott reden? Das in «seines Vaters Hause» viele Wohnungen sind, das sagt man euch, aber daß in Rostow zu wenige sind und warum, das sagt man euch nicht.

DIE ARME FRAU: Geben Sie mir einmal die Bibel, Wera Stepanowna. In der Bibel steht ganz deutlich: Liebe deinen Nächsten. Warum werfen Sie mich da auf die Straße? Geben Sie mir die Bibel, ich werde es Ihnen aufschlagen. Das ist doch klar, daß sie Pawel Wlassow erschossen haben, weil er für die Arbeiter und selber Arbeiter war. *Sie greift die Bibel.* Geben Sie das Buch her, ich werde es Ihnen aufschlagen ...

DIE HAUSBESITZERIN: Zu diesem Zweck bekommen Sie die Bibel nicht von mir, zu diesem Zweck nicht.

DIE ARME FRAU: Zu welchem Zweck dann? Sicher zu keinem guten!

DIE HAUSBESITZERIN: Das ist Gottes Wort!

DIE ARME FRAU: Eben. Ihr Gott nützt mir gar nichts, wenn ich nichts davon merke!

Sie will der Hausbesitzerin die Bibel entreißen.

DIE HAUSBESITZERIN: Jetzt werde ich Ihnen etwas aufschlagen, nämlich über das Sichvergreifen an fremdem Eigentum.

DIE ARME FRAU: Ich will das Buch haben.

DIE HAUSBESITZERIN *hält die Bibel fest*: Das ist mein Eigentum.

DIE ARME FRAU: Ja, wie das ganze Haus, nicht wahr?

Die Bibel geht in Fetzen.

DIE NICHTE *hebt die Fetzen der Bibel auf*: Jetzt ist sie zerrissen.

PELAGEA WLASSOWA *die den Eßtopf in Sicherheit gebracht hat*: Besser die Bibel zerrissen, als das Essen verschüttet.

DIE ARME FRAU: Wenn ich nicht glaubte, daß es einen Gott im Himmel gibt, der alles vergilt, Gutes und Böses, würde ich heute noch in Pelagea Wlassowas Partei eintreten. *Ab.*

DIE HAUSBESITZERIN: Pelagea Wlassowa, Sie sehen, wohin Sie Lydia Antonowna gebracht haben, und weil er so redete wie Sie, wurde ihr Sohn erschossen, und Sie verdienen nichts Besseres. Komm.

Geht mit ihrer Verwandten ab.

PELAGEA WLASSOWA: Ihr Unglücklichen! *Sie setzt sich erschöpft.* Pawel!

Der Tod des Sohnes und die Jahre der Stolypinschen Reaktion haben die revolutionäre Tätigkeit der Wlassowa zum Erlahmen gebracht. Auf dem Krankenbett erhält sie die Nachricht vom Ausbruch des Weltkriegs.

Wohnung des Lehrers

DER LEHRER *zum Arzt*: Sie ist kränklich, seit ihr Sohn starb. Ich spreche nicht von der Hausarbeit, aber eine ganz bestimmte Arbeit, die sie immer gemacht hat, macht sie nicht mehr.

DER ARZT: Sie ist vollständig erschöpft und darf unter keinen Umständen aufstehen, sie ist eben schon alt. *Ab.*

Der Lehrer geht in die Küche und setzt sich an das Bett der Wlassowa.

PELAGEA WLASSOWA: Was steht in der Zeitung?

DER LEHRER: Der Krieg ist da.

PELAGEA WLASSOWA: Krieg? Was machen wir?

DER LEHRER: Der Zar hat den Belagerungszustand verhängt. Von allen sozialistischen Parteien haben sich nur die Bolschewiki gegen den Krieg ausgesprochen. Unsere fünf Duma-Abgeordneten sind schon verhaftet und wegen Hochverrats nach Sibirien verschickt worden.

PELAGEA WLASSOWA: Das ist schlimm. – Wenn der Zar mobilisiert, müssen wir Arbeiter auch mobilisieren. – Ich muß aufstehen.

DER LEHRER: Sie dürfen unter keinen Umständen aufstehen.

Sie sind krank. Und was können wir tun gegen den Zaren und alle Potentaten Europas? Ich will hinuntergehen und das letzte Extrablatt kaufen. Jetzt werden sie die Partei vernichten. *Er geht.*

CHOR

Von den revolutionären Arbeitern der Wlassowa zugesungen.

Steh auf, die Partei ist in Gefahr!
Du bist krank, aber die Partei stirbt.
Du bist schwach, du mußt uns helfen!
Steh auf, die Partei ist in Gefahr!

Du hast gezweifelt an uns
Zweifle nicht länger:
Wir sind am Ende.
Du hast auf die Partei gescholten
Schilt nicht mehr auf die Partei:
Sie wird vernichtet.

Steh auf, die Partei ist in Gefahr!
Steh schnell auf!
Du bist krank, aber wir brauchen dich.
Stirb nicht, du mußt uns helfen.
Bleibe nicht weg, wir gehen in den Kampf.
Steh auf, die Partei ist in Gefahr, steh auf!

Während dieses Chors ist Pelagea Wlassowa mühsam aufgestanden, hat sich angezogen, hat ihre Tasche genommen und ist schwankend, aber immer schneller laufend, durch die Stube zur Tür hinausgegangen.

12

Gegen den Strom.

Straßenecke

Einige Arbeiter bringen Pelagea Wlassowa, die blutig geschlagen ist, in eine Hausecke.

Erster Arbeiter: Was ist mit der?

Zweiter Arbeiter: Wir sahen diese alte Frau inmitten der Menge, die den abmarschierenden Truppen zujubelte. Plötzlich rief sie: «Nieder mit dem Krieg, es lebe die Revolution!» Da kamen die Polizisten und schlugen sie mit ihren Knüppeln über den Kopf. Wir haben sie gleich in diese Hausecke gezogen. Wisch ihr doch das Gesicht ab!

Die Arbeiter: Jetzt lauf aber, Alte, sonst erwischen sie dich doch noch!

Pelagea Wlassowa: Wo ist meine Tasche?

Die Arbeiter: Da ist sie!

Pelagea Wlassowa: Wartet! Hier in meiner Tasche habe ich Flugblätter. Darin steht etwas über die Lage von uns Arbeitern im Krieg: die Wahrheit.

Die Arbeiter: Geh doch heim, laß die Wahrheit in deiner Tasche, Alte! Sie ist gefährlich. Wenn sie bei uns erwischt wird, werden wir nur eingesperrt. Hast du selber noch nicht genug?

Pelagea Wlassowa: Nein, nein, ihr müßt das wissen! Die Unwissenheit ist es, die uns niederhält.

Die Arbeiter: Und die Polizisten.

PELAGEA WLASSOWA: Die sind auch unwissend.

DIE ARBEITER: Aber unsere Führer sagen uns, wir müssen zuerst helfen die Deutschen schlagen und unser Land verteidigen.

PELAGEA WLASSOWA *rezitiert*:

Was sind das für Führer?
Seite an Seite kämpft ihr mit dem Klassenfeind
Arbeiter gegen Arbeiter.
Eure Organisationen, mühsam aufgebaut
Mit den Pfennigen der Entbehrung, werden zerschlagen.
Eure Erfahrungen sind vergessen
Und vergessen ist die Solidarität aller Arbeiter aller Länder.

DIE ARBEITER: Das alles gilt jetzt nicht mehr. Wir haben gestreikt gegen den Krieg in mehreren Fabriken. Unsere Streiks sind niedergeschlagen worden. Die Revolution kommt nicht mehr. Geh nach Hause, Alte, erkenne die Welt, wie sie ist. Was ihr wollt, das wird niemals, niemals, niemals!

PELAGEA WLASSOWA: Lest doch wenigstens, was wir über die Lage sagen, wollt ihr? *Sie bietet ihnen die Flugblätter an.* Ihr wollt nicht einmal lesen?

DIE ARBEITER: Wir erkennen an, daß ihr es gut meint, aber eure Flugblätter wollen wir nicht mehr nehmen. In Gefahr bringen wollen wir uns nicht mehr.

PELAGEA WLASSOWA: Jaa, aber bedenkt, daß die ganze Welt – *schreiend, so daß die erschrockenen Arbeiter ihr den Mund zuhalten* – in einer ungeheuren Finsternis lebt, und ihr allein wart es bis jetzt, die noch für die Vernunft erreichbar waren. Bedenkt, wenn ihr versagt!

13

1916. Unermüdlich kämpfen die Bolschewiki gegen den imperialistischen Krieg.

Vaterländische Kupfersammelstelle

Vor einer Tür mit einer Fahne und der Inschrift «Vaterländische Kupfersammelstelle» stehen sieben Frauen mit Kupfergeräten an, darunter Pelagea Wlassowa mit einem kleinen Becher. Ein Beamter in Zivil kommt und schließt die Tür auf.

BEAMTER: Es wird soeben mitgeteilt, daß unsere tapferen Truppen mit beispiellosem Heldenmut die Festung Przemysl zum vierten Male dem Feind entrissen haben. Hunderttausend Tote, zweitausend Gefangene. Das Armeekommando hat verfügt, daß in ganz Rußland die Schulen geschlossen und die Glocken geläutet werden. Unser heiliges Rußland, es lebe hoch! hoch! hoch! Der Schalter für die Kupferabgabe wird in fünf Minuten geöffnet. *Er geht hinein.*

PELAGEA WLASSOWA: Hoch!

EINE FRAU: Das ist wirklich schön, daß unser Krieg so vorwärtsgeht!

PELAGEA WLASSOWA: Ich habe ja nur ein ganz kleines Becherlein. Das gibt höchstens fünf, sechs Patronen. Wie viele davon treffen schon? Von sechs vielleicht zwei und von den zwei höchstens eine tödlich. Ihr Kessel da ist schon für mindestens zwanzig Patronen, und die Kanne von der Dame da vorn, das ist überhaupt eine Granate. Eine Granate, die nimmt gleich auf einmal fünf bis sechs Mann. *Zählt die Geräte.* Eins, zwei, drei, vier, fünf, sechs, sieben, halt, die Dame hat ja zwei, also acht. Acht. Da kann man schon wieder einen kleinen Sturmangriff bewerkstelligen. *Sie lacht leise.* Ich hätte mein Becherchen fast nicht hierhergebracht. Begegne ich da zwei Soldaten, die sollte man ja anzeigen, sagen die zu mir: «Ja, liefere dein Kupfer nur ab, alte Ziege, damit der Krieg überhaupt nicht mehr aufhört!» Was sagt ihr dazu? Ist das nicht furchtbar? «Ihr», sage ich, «gehört glatt erschossen. Und wenn ich mein Becherchen», sage ich, «nur dazu hergebe, daß man euch euer dreckiges Maul stopfen kann, dann ist es schon nicht umsonst gegeben. Für zwei Patronen wird es schon noch langen.» Denn warum gebe ich, Pelagea Wlassowa, meinen Kupferbecher her? Ich gebe ihn her, damit der Krieg nicht aufhört!

FRAU: Was reden Sie daher? Der Krieg soll nicht aufhören, wenn wir unser Kupfer abliefern? Wir liefern es ja gerade ab, damit er aufhört!

PELAGEA WLASSOWA: Nein, wir liefern es ab, damit er nicht aufhört!

EINE SCHWARZGEKLEIDETE FRAU: Nein, wenn die Kupfer haben und Granaten machen können, dann siegen sie doch draußen viel schneller. Dann hört der Krieg auf!

PELAGEA WLASSOWA: Ah, wenn die Granaten haben, dann hört er selbstverständlich nicht auf, denn dann können sie weitermachen. Solange die Munition haben, machen sie weiter. Drüben liefern sie auch ab.

FRAU *zeigt auf ein Schild*: «Wer Kupfer abliefert, der verkürzt den Krieg!» Können Sie nicht lesen?

PELAGEA WLASSOWA: Wer Kupfer abliefert, der verlängert den Krieg! Das ist doch für Spione!

DIE SCHWARZGEKLEIDETE: Aber warum wollen Sie denn, daß der Krieg verlängert wird?

PELAGEA WLASSOWA: Weil mein Sohn in einem halben Jahr Feldwebel wird. Noch zwei Sturmangriffe, und dann wird mein Sohn Feldwebel. Und da hat er doch doppelte Bezüge. Und dann müssen wir ja auch Armenien bekommen und Galizien, und die Türkei brauchen wir überhaupt.

DIE SCHWARZGEKLEIDETE: Was brauchen wir?

PELAGEA WLASSOWA: Die Türkei. Und das Geld, das wir von Frankreich geliehen haben, das muß doch auch zurückgezahlt werden. Insofern ist es ein Befreiungskrieg.

FRAU: Natürlich. Freilich ist es ein Befreiungskrieg. Aber deshalb braucht er doch nicht bis in alle Ewigkeit zu dauern.

PELAGEA WLASSOWA: Doch, mindestens noch ein halbes Jahr.

DIE SCHWARZGEKLEIDETE: Und Sie meinen, so lange dauert er, wenn die wieder Kupfer haben?

PELAGEA WLASSOWA: Ja, natürlich. Die Soldaten kriegen sie doch umsonst. Sie haben doch auch jemand draußen?

DIE SCHWARZGEKLEIDETE: Ja, meinen Sohn.

PELAGEA WLASSOWA: Sehen Sie, den Sohn haben sie schon draußen, das Kupfer geben Sie jetzt auch noch. Dann geht es schon wieder ein halbes Jährchen länger.

DIE SCHWARZGEKLEIDETE: Jetzt kenn ich mich aber wirklich nicht mehr aus. Einmal heißt es, der Krieg wird kürzer, einmal, er wird länger. Was soll man da glauben? Mein Mann ist schon gefallen, und mein Sohn steht vor Przemysl. Ich gehe nach Hause.

Sie geht. Die Glocken fangen an zu läuten.

FRAU: Siegesglocken!

PELAGEA WLASSOWA: Ja, wir siegen! Wir geben unsere Becherchen weg, unsere Kessel und Kupferkannen, aber wir siegen! Wir haben nichts mehr zu essen, aber wir siegen! Entweder du bist für den Zaren und seinen Sieg, oder du bist gegen ihn. Wir siegen, aber wir müssen auch siegen! Sonst gibt es eine Revolution, das ist sicher. Und was wird dann aus unserem geliebten Zaren? Wir müssen bei ihm stehen in Zeiten wie diesen. Schaut auf die Deutschen. Sie fressen schon die Blätter von den Bäumen für ihren Kaiser!

FRAU: Was reden Sie eigentlich daher? Erst vor einer Minute nahm hier eine Frau ihren Kessel und lief weg, und nur wegen Ihnen.

EINE ARBEITERIN: Das hätten Sie der auch nicht zu sagen brauchen, Sie da vorn, daß Sie den Krieg länger haben wollen. Das will doch sonst kein Mensch!

PELAGEA WLASSOWA: Was? Und der Zar? Und die Generäle? Meinen Sie, die fürchten den Krieg mit den Deutschen? Da heißt's: Immer ran an den Feind! Siegen oder sterben! So ist es richtig. Hören Sie die Glocken nicht? Die gibt es doch nur beim Siegen und beim Sterben. Warum sind Sie denn gegen den Krieg? Wer sind Sie denn überhaupt? Wir sind hier lauter bessere Leute, wenn ich nicht irre. Sie sind doch eine Arbeiterin? Sind Sie eine Arbeiterin oder nicht? Gestehen Sie das nur ein! Sie schmeißen sich ja nur hier heran! Vergessen Sie nicht, daß es da immer noch einen Unterschied gibt zwischen Leuten wie Ihnen und uns!

EIN DIENSTMÄDCHEN: Das sollten Sie ihr nicht sagen. Die gibt ihre Sachen auch für das Vaterland her.

PELAGEA WLASSOWA *zu der Arbeiterin*: Unsinn. Sie können doch nicht mit ganzem Herzen hier stehen. Was nützt Ihnen denn der Krieg? Das ist ja pure Heuchelei, daß Sie da stehen. Wir können ganz gut ohne Sie und Ihresgleichen fertig werden. Das ist unser Krieg! Kein Mensch hat etwas dagegen, wenn ihr Arbeiter mitmacht, aber darum gehört ihr noch lange nicht dazu. Geh du in deine Fabrik und schau, daß du besseren Lohn kriegst, und dräng dich hier nicht auf, wo du nicht hingehörst. *Zum Dienstmädchen:* Sie können ihr ja ihr Gerümpel abnehmen, wenn sie es durchaus anbringen will.

Die Arbeiterin geht böse weg.

ZWEITE FRAU: Wer ist denn das überhaupt, der da das große Wort führt?

DRITTE FRAU: Ich höre jetzt auch schon eine halbe Stunde zu, wie sie die Leute vertreibt.

VIERTE FRAU: Wißt ihr, was das ist? Das ist eine Bolschewikin!

DIE FRAUEN: Was, glauben Sie, ist sie? – Das ist eine Bolschewikin. Und eine ganz raffinierte Person! – Laßt euch nicht mit ihr ein und beachtet sie nicht! – Hütet euch vor dem Bolschewismus, den gibt es in tausenderlei Gestalt! – Wenn ein Polizist vorbeikommt, wird sie einfach abgeführt!

PELAGEA WLASSOWA *verläßt die Reihe*: Ja, ich bin eine Bolschewikin. Aber ihr seid Mörderinnen, wie ihr da steht! Kein Tier würde sein Junges hergeben, so wie ihr das eure: ohne Sinn und Verstand, für eine schlechte Sache. Euch gehört der Schoß ausgerissen. Er soll verdorren, und ihr sollt unfruchtbar werden, wie ihr da steht. Eure Söhne brauchen nicht wiederzukommen. Zu solchen Müttern? Schießend für eine schlechte Sache sollen Sie erschossen werden für eine schlechte Sache. Aber ihr seid die Mörderinnen.

ERSTE FRAU *dreht sich um*: Ich werde Ihnen zeigen, was Ihnen gehört, Sie Bolschewikin!
BEAMTER: Der Schalter für die Kupferabgabe ist geöffnet.

Die Frau geht mit ihrer Kanne in der Hand auf die Mutter zu und schlägt ihr ins Gesicht. Eine andere wendet sich ebenfalls und spuckt vor ihr aus. Dann gehen die drei Frauen hinein.

DAS DIENSTMÄDCHEN: Nehmen Sie es sich nicht zu Herzen. Aber sagen Sie mir, was ich machen soll. Ich weiß, daß ihr Bolschewiken gegen den Krieg seid, aber ich bin Dienstmädchen und kann doch nicht mit diesen Kupferkannen wieder zu meiner Herrschaft zurückkehren. Ich würde sie nicht abliefern. Aber wenn ich sie nicht abliefere, werde ich niemandem genützt haben, und ich würde entlassen werden. Was soll ich also machen?
PELAGEA WLASSOWA: Du kannst allein nichts machen. Liefere du die Kupferkessel im Auftrage deiner Herrschaft ab. Im Auftrage deiner Herrschaft werden Leute deinesgleichen Munition daraus machen. Und Leute deinesgleichen werden damit schießen. Aber wiederum Leute deinesgleichen werden bestimmen, auf wen! Komme heute abend in die – *sie sagt ihr die Adresse ins Ohr.* Es wird dort ein Arbeiter von den Putilow-Werken sprechen, und wir können dir erklären, wie du dich verhalten sollst. Sag aber niemandem die Adresse, der sie nicht wissen soll.

14

1917. In den Reihen der streikenden Arbeiter und meuternden Matrosen marschiert Pelagea Wlassowa, «die Mutter».

Straße

IWAN: Als wir über den Lybin-Prospekt kamen, waren wir schon viele Tausende. Etwa fünfzig Betriebe streikten, und die Streikenden schlossen sich uns an, um gegen den Krieg und die zaristische Herrschaft zu demonstrieren.

WASSIL JEFIMOWITSCH: Im Winter 1916/17 streikten 250 000 Mann in den Betrieben.

DIENSTMÄDCHEN: Wir trugen Transparente mit der Aufschrift: «Nieder mit dem Krieg! Es lebe die Revolution!» und rote Fahnen. Unsere Fahne trug eine sechzigjährige Frau. Wir sagten ihr: «Ist dir die Fahne nicht zu schwer? Gib uns die Fahne!» Sie aber sagte:

PELAGEA WLASSOWA: Nein, wenn ich müde bin, werde ich sie dir geben, dann wirst du sie tragen. Denn was habe ich, Pelagea Wlassowa, Witwe eines Arbeiters und Mutter eines Arbeiters, noch alles zu tun! Als ich vor vielen Jahren mit Sorgen sah, daß mein Sohn nicht mehr satt wurde, habe ich zuerst nur gejammert. Da änderte sich nichts. Dann half ich ihm bei seinem Kampf um die Kopeke. Damals sind wir in kleinen Streiks für bessere Löhne gestanden. Jetzt stehen wir in einem Riesenstreik in den Munitionsfabriken und kämpfen um die Macht im Staate.

DIENSTMÄDCHEN: Viele sagen, das, was wir wollen, geht niemals. Wir sollen zufrieden sein mit dem, was wir haben.

Die Macht der Herrschenden ist doch sicher. Wir würden immer wieder niedergeschlagen werden. Auch viele Arbeiter sagen: das geht niemals!

PELAGEA WLASSOWA *rezitiert*:

Wer noch lebt, sage nicht: niemals!
Das Sichere ist nicht sicher
So, wie es ist, bleibt es nicht.
Wenn die Herrschenden gesprochen haben
Werden die Beherrschten sprechen.
Wer wagt zu sagen: niemals?
An wem liegt es, wenn die Unterdrückung bleibt? An uns.
An wem liegt es, wenn sie zerbrochen wird?
        Ebenfalls an uns.
Wer niedergeschlagen wird, der erhebe sich!
Wer verloren ist, kämpfe!
Wer seine Lage erkannt hat, wie soll der aufzuhalten sein?
Denn die Besiegten von heute sind die Sieger von morgen
Und aus niemals wird: heute noch.

Anmerkungen zur «Mutter»

1

Das Stück «Die Mutter», im Stil der Lehrstücke geschrieben, aber Schauspieler erfordernd, ist ein Stück antimetaphysischer, materialistischer, *nichtaristotelischer Dramatik.* Diese bedient sich der *hingebenden Einfühlung* des Zuschauers keineswegs so unbedenklich wie die aristotelische und steht auch zu gewissen psychischen Wirkungen, wie etwa der Katharsis, wesentlich andere. So wie sie nicht darauf ausgeht, ihren Helden der Welt als seinem unentrinnbaren Schicksal auszuliefern, liegt es auch nicht in ihrem Sinn, den Zuschauer einem suggestiven Theatererlebnis auszuliefern. Bemüht, ihren Zuschauer ein ganz bestimmtes praktisches, die Änderung der Welt bezweckendes Verhalten zu lehren, muß sie ihm schon im Theater eine grundsätzlich andere Haltung verleihen, als er gewohnt ist. Nachstehend einige Maßnahmen, die bei der Aufführung der «Mutter» in Berlin 1932 und in New York 1935 getroffen wurden.

2

MITTELBARE WIRKUNG DER EPISCHEN BÜHNE

Bei der ersten Aufführung der «Mutter» sollte die Bühne (Caspar Nehers) keine wirkliche Örtlichkeit vortäuschen: sie nahm sozusagen selber Stellung zu den Vorgängen, sie zitierte, erzählte, bereitete vor und erinnerte. In ihren spärlichen Andeutungen von Möbeln, Türen usw. beschränkte sie sich auf Gegenstände, die mitspielten, d. h. solche, ohne die die Handlung nicht oder anders verlaufen würde. Ein festes System von wenig über mannshohen Eisenröhren, die in verschieden großem Abstand senkrecht auf den Bühnenboden montiert waren und in die andere, waagerechte, verschiebbare, also beliebig zu verlängernde Röhren mit Leinwänden eingehakt werden konnten, gestattete in Berlin rasches Verwandeln. Dazwischen hingen in Rahmen verschließbare Holztüren. In New York war die Bühne (Max Goreliks) ähnlich, jedoch stabiler. Auf eine große Leinwand des Hintergrundes wurden Texte und Bilddokumente projiziert, welche während der Szene stehenblieben, so daß diese Tafel ebenfalls den Charakter einer Kulisse bekam. Die Bühne zeigte also nicht nur in Andeutungen wirkliche Räume, sondern auch durch Texte und Bilddokumente die große geistige Bewegung, in der die Vorgänge sich abspielten. Die Projektionen sind keineswegs einfache mechanische Hilfsmittel im Sinne von Ergänzungen, keine Eselsbrücken; sie nehmen keine Hilfsstellung für den Zuschauer ein, sondern Gegenstellung: sie vereiteln seine totale Einfühlung, unterbrechen sein mechanisches Mitgehen. Sie machen die *Wirkung mittelbar.* Damit sind sie organische Teile des Kunstwerkes.

3

PROJEKTIONEN

Berliner Aufführung

Szene 1, S. 7

DIE WLASSOWAS ALLER LÄNDER

Szene 2, S. 10

DER KAMPF UM DIE KOPEKE

(1 Kopeke = 2 Pfennige)

Szene 3, S. 19

Fotografie:

P. SUCHLINOW, BESITZER DER SUCHLINOW-WERKE

Szene 4, S. 27

DIE THEORIE WIRD ZUR MATERIELLEN GEWALT,
WENN SIE DIE MASSEN ERGREIFT! *(Marx)*

Szene 5, S. 32

DER 1. MAI. ARBEITER ALLER LÄNDER,
VEREINIGT EUCH!

Szene 6, S. 42

DIE WERKTÄTIGEN STREBEN NACH WISSEN,
DENN SIE BRAUCHEN ES ZU IHREM SIEG. *(Lenin)*

Szene 6, S. 46

Reproduktion des Mitgliedsbuches der Pelagea Wlassowa mit ihrem Foto, darüber kopiert:

MITGLIEDSBUCH DER RUSSISCHEN SOZIALDEMOKRATISCHEN PARTEI (BOLSCHEWIKI) FÜR PELAGEA WLASSOWA AUS TWER

Szene 7, S. 51

BEWEIST, DASS IHR KÄMPFEN KÖNNT! *(Lenin an die Frauen)*

Szene 8, S. 55

Das Hammer-und-Sichel-Emblem auseinandergenommen, also Hammer und Sichel nebeneinander, durch das Wort «und» verbunden.

Szene 8, S. 62

Das Hammer-und-Sichel-Emblem: Hammer und Sichel überkreuzt verbunden.

Szene 9, S. 62

DAS SOZIALE WIRKEN DER FRAUEN MUSS GEFÖRDERT WERDEN, DAMIT SIE IHRE SPIESSBÜRGERLICHE HEIM- UND FAMILIENPSYCHOLOGIE ABSTREIFEN. *(Lenin)*

Szene 10, S. 70

RELIGION IST OPIUM FÜRS VOLK. *(Marx)*

Szene 11, S. 79

Fotografie der Kriegführenden: der Zar, der deutsche Kaiser, Poincaré, Wilson, Grey.

Szene 12, S. 81

1914. GEGEN DEN STROM!

Szene 13, S. 83

Fotografie Lenins, daneben:

FÜR UMWANDLUNG DES IMPERIALISTISCHEN KRIEGES IN DEN BÜRGERKRIEG.

Szene 14, S. 89

1917

Szene 14, S. 90 als Schluß:

IM NOVEMBER 1917 ERGRIFF DAS RUSSISCHE PROLETARIAT DIE MACHT.

Film mit dokumentarischen Aufnahmen aus der Oktoberrevolution. (Von der Zensur verboten.)
Im Zuschauerraum als Transparent:
OHNE DIE FRAUEN GIBT ES KEINE WIRKLICHE MASSENBEWEGUNG.
(Lenin)

New Yorker Aufführung

Before Scene 1:
Title: THE LIFE OF THE REVOLUTIONIST
PELAGEA VLASSOVA OF TVER.
Picture of the Mother.
Scene 1:
Title: 1907. THE WORKERS OF THE CITY OF TVER LIVED UNDER CONDITIONS OF EXTREME HARDSHIP.
Picture: Shopping list in large handwriting of untutored person:

bread	4 kopeks
lard	7 kopeks
cabbage	3 kopeks
potatoes	5 kopeks
onions	2 kopeks
tea	5 kopeks
	26 kopeks

Scene 2:
Title: PELAGEA VLASSOVA SEES WITH SORROW THAT HER SON IS IN THE COMPANY OF REVOLUTIONARY WORKERS.
Picture of four poor women of different nations including Negro and Chinese with caption:
IN EVERY COUNTRY OF THE WORLD THERE ARE WOMEN LIKE PELAGEA VLASSOVA.
Scene 3:
Title: THE MOTHER HERSELF DISTRIBUTES LEAFLETS IN THE SUCHLINOW PLANT TO KEEP HER SON OUT OF REVOLUTIONARY ACTIVITY.

Picture: Leaflet:

Workers:
Don't let Mr. Suchlinow cut your wages!
Don't negotiate!
Strike!
Suchlinow Factory Committee

Scene 4:

Title: THE MOTHER RECEIVES HER FIRST LESSON IN ECONOMICS.

Picture of factory an on it, smaller and oval-shaped, picture of factory-owner; caption under the whole: Suchlinow Plant, and under the photograph of the man: P. Suchlinow, the owner.

Scene 5:

Title: ON MAY FIRST THE WORKERS OF TVER DEMONSTRATE AGAINST THE WAGE CUT. THE MOTHER RECEIVES A LESSON IN POLITICS.

Picture of a demonstration.

Scene 6:

Title: 1908. PAVEL IS IN PRISON. IVAN VESSOVCHIKOV BRINGS THE MOTHER TO THE HOME OF HIS BROTHER NICOLAI, THE TEACHER, WHO LIVES IN THE CITY OF ROSTOV.

Picture: Reproduction of Vlassova's membership card with picture of the Mother superimposed and caption: PELAGEA VLASSOVA MEMBER OF THE RUSSIAN SOCIAL DEMOCRATIC LABOR PARTY.

Title: THE TEACHER SURPRISES HIS HOUSEKEEPER IN THE MIDST OF A MEETING.

Title: THE MOTHER LEARNS HOW TO READ AND TO WRITE.

Picture: KNOWLEDGE IS POWER. (Francis Bacon).

Picture: The words: Class Struggle – Worker – Exploiter.

Title: IVAN VESSOVCHIKOW DOES NOT RECOGNIZE HIS OWN BROTHER.

Picture: Framed picture of the Czar.

Scene 7:

Title: THE MOTHER MAKES USE OF A VISIT TO HER SON IN PRISON TO GET THE ADDRESSES OF PEASANTS SYMPATHETIC TO THE MOVEMENT.

Picture of prison.

Scene 8:

Title: IN THE YEARS 1909–1913 THE WORKERS TRIED REPEATEDLY TO DRAW THE POOR PEASANTS INTO THEIR MOVEMENT.

Pictures of workers on one side and peasants on the other side.

Scene 9:

Title: PAVEL RETURNS AFTER A LONG EXILE IN SIBERIA.

Picture: Lines from «In Praise of the Third Thing».

Scene 10:

Title: CROSSING THE FINNISH BORDER, PAVEL VLASSOV HAS BEEN CAUGHT AND EXECUTED.

Picture: Photograph of Pavel. Later: Rogues' gallery picture of him.

Scene 11:

Title: WAR IS DECLARED.

Picture: Photograph of the Czar and his generals.

Scene 12:

Title: DURING THE FIRST YEARS OF THE WAR THE WORKERS WOULD NOT LISTEN TO THE REVOLUTIONISTS.

Picture: Line of text: If you should fail!

Scene 13:

Title: THE MOTHER CARRIES ON ANTI-WAR PROPAGANDA.

Picture: Casualty list (of three battles on the Eastern Front).

Scene 14:

Title: JANUARY 1917, IN THE RANKS OF THE STRIKING WORKERS AND MUTINYING SOLDIERS MARCHES PELAGEA VLASSOVA, THE MOTHER.

Picture: Photograph of armed demonstration.

End:

Title: IN NOVEMBER 1917, THE RUSSIAN PROLETARIAT SEIZED POWER.

4

EPISCHE DARSTELLUNGSWEISE

Das epische Theater bedient sich denkbar einfachster, den Sinn der Vorgänge übersichtlich ausdrückender Gruppierungen. Die «zufällige», «Leben vortäuschende», «zwanglose» Gruppierung ist aufgegeben: die Bühne spiegelt nicht die «natürliche» Unordnung der Dinge. Das angestrebte Gegenteil natürlicher Unordnung ist natürliche Ordnung. Die ordnenden Gesichtspunkte sind geschichtlich-gesellschaftlicher Art. Der Standpunkt, den die Regie einnehmen soll, wird nicht ausreichend gekennzeichnet, aber für manche erleichtert, wenn man ihn den eines Sittenschilderers und Historikers nennt. In der zweiten Szene der «Mutter» sind etwa folgende von der Regie deutlich herauszuarbeitende voneinander zu trennende äußere Vorgänge enthalten:

1. Der junge Arbeiter Pawel Wlassow erhält zum ersten Male den Besuch revolutionärer Genossen, die in seiner Wohnung eine illegale Arbeit erledigen wollen.

2. Mit Kummer sieht seine Mutter ihn in der Gesellschaft revolutionärer Arbeiter. Sie versucht, sie zu verscheuchen.

3. In einem kleinen Lied erklärt die Arbeiterin Mascha Chalatowa, daß der Arbeiter, um Brot und Arbeit zu erkämpfen, den ganzen Staat «von unten nach oben umkehren» muß.

4. Eine polizeiliche Haussuchung zeigt Pelagea Wlassowa die Gefährlichkeit der neuen Tätigkeit ihres Sohnes.

5. Obgleich entsetzt über die Roheit der Polizisten, erklärt Pelagea Wlassowa doch, daß sie nicht den Staat, sondern ihren Sohn für den Gewalttätigen hält. Sie verurteilt ihn deswegen und mehr noch seine Verführer.

6. Pelagea Wlassowa merkt, daß ihr Sohn zu einer gefährlichen Flugblattverteilung ausersehen ist und bietet sich, um ihn aus dieser Sache herauszuhalten, selber dazu an.

7. Die Revolutionäre übergeben ihr nach kurzer Beratung die Flugblätter. Sie kann sie nicht lesen.

Diese sieben Vorgänge müssen ohne Pathetisierung ebenso bedeutungsvoll und auffällig wie irgendwelche bekannten historischen Vorgänge dargestellt werden. Der Schauspieler dieses einer nichtaristotelischen Dramatik dienenden epischen Theaters wird dabei alles tun müssen, um sich als *zwischen* Beschauer und Vorgang stehend bemerkbar zu machen. Auch dieses *Sich-bemerkbar-Machen* macht die Wirkung zu der angestrebt mittelbaren.

5

ALS BEISPIEL: BESCHREIBUNG DER ERSTEN DARSTELLUNG DER «MUTTER»

Nachfolgend einiges, was die erste Darstellerin der Mutter (Helene Weigel) durch episches Spiel zeigte:

1. In der ersten Szene sprach die Darstellerin, in einer bestimmten typischen Haltung in der Mitte der Bühne stehend, die Sätze so, als seien sie eigentlich in der dritten Person verfaßt, sie täuschte also nicht nur nicht vor, in Wirklichkeit die Wlassowa zu sein oder sich dafür zu halten und diese Sätze in Wirklichkeit zu sagen, sondern sie verhinderte sogar, daß der Zuschauer, aus Nachlässigkeit und alter Gewohnheit, sich in eine bestimmte Stube versetzte und sich für den unsichtbaren Augenzeugen und Belauscher einer einmaligen intimen Szene hielt. Vielmehr stellte sie dem Zuschauer offen die Person vor, die er nunmehr als handelnde und zu behandelnde einige Stunden lang sehen würde.

2. Die Versuche der Wlassowa, die Revolutionäre zu verscheuchen, wurden von der Darstellerin so gezeigt, daß man bei einiger Aufmerksamkeit ihre eigene Heiterkeit durchblicken konnte. Die Vorwürfe, die sie den Revolutionären macht, waren eher erschrokken als heftig, ihr Angebot, die Flugblätter zu verteilen, war voller Vorwurf.

3. Bei dem Eindringen in den Fabrikhof zeigte sie, daß es für die Revolutionäre ein guter Gewinn sein würde, eine solche Kämpferin zu gewinnen.

4. Ihre erste Belehrung über Ökonomie empfängt sie in der

Haltung einer großen Realistin. Mit einer gewissen nicht unfreundlichen Energie bekämpft sie ihre Diskussionsgegner, und zwar als Idealisten, die die Wirklichkeit nicht wahrhaben wollen. Von einem Beweis verlangt sie nicht nur Wahrheit, sondern auch Wahrscheinlichkeit.

5. Die Maidemonstration wurde so gesprochen, als stünden die Betreffenden vor Gericht, aber am Schluß deutete der Darsteller des Smilgin den Zusammenbruch an, indem er sich auf die Knie niederließ, und die Darstellerin der Mutter beugte sich vor und ergriff bei ihren letzten Worten die ihm entfallende Fahne.

6. Von nun ab wurde die Mutter sehr viel freundlicher und überlegener dargestellt, ausgenommen ganz zu Beginn dieser Szenen, wo sie erschreckt wirkte. Das Lob des Kommunismus wurde leicht und ruhig gesungen.

Die Szene, in der Pelagea Wlassowa mit anderen Arbeitern lesen und schreiben lernt, ist für den Darsteller eine der schwierigsten. Das Lachen der Zuschauer über einzelne Sätze darf ihn nicht davon abbringen, die Mühe des Lernens älterer und unbeweglicher Leute zu zeigen und so den Ernst des wahrhaft historischen Vorgangs zu erreichen, der Sozialisierung der Wissenschaft und geistigen Expropriation des Bürgertums durch das ausgebeutete und auf körperliche Arbeit verwiesene Proletariat. Dieser Vorgang geht nicht «zwischen den Zeilen» vor sich, er wird direkt gesagt. Viele unserer Schauspieler suchen nun, wenn in einer Szene etwas direkt gesagt wird, sofort unruhig etwas in ihr, was nicht direkt wäre, um dies darzustellen. Sie stürzen sich auf das «nicht Auszudrückende» zwischen den Zeilen, das sie braucht. Da dadurch aber das Ausdrückbare und Ausgedrückte zur Banalität wird, ist dieses Verhalten schädigend.

In der kleine Szene «Iwan Wessowtschikow erkennt seinen Bruder nicht mehr» brachte die Darstellerin zum Ausdruck, daß Pelagea Wlassowa an ein unveränderliches Wesen des Lehrers nicht glaubt, aber auch nicht mit dem Finger auf die erzielten Veränderungen deutet.

7. Pelagea Wlassowa hat unter den Augen des Feindes ihre revolutionäre Arbeit mit dem Sohn zu erledigen, sie täuscht den Ge-

fängniswärter, indem sie ihm gegenüber das ihm vorschwebende rührende und folgenlose Verhalten einer Dutzendmutter an den Tag legt. Sie ermöglicht ihm folgenloses Mitgefühl. So verwendet sie, selbst ein Beispiel ganz neuartiger, eingreifender Mutterliebe, ihre Kenntnis der alten, abgelebten familiären. Die Darstellerin zeigte, daß sich die Mutter des Humors dieser Sachlage bewußt ist.

8. Auch in dieser Szene zeigte die Darstellerin, daß nicht nur sie selbst, sondern auch die Wlassowa die leichte Komik ihrer Verstellung lustig begreift. Sie zeigte deutlich die Überzeugung, daß eine ganz passive, wenn auch plastische Haltung (des zu Recht Verletzten) genügen müßte, den Gutsmetzger zum Bewußtsein seiner Klassenzugehörigkeit zu bringen. Sie spielte den kleinen und bescheidenen Tropfen, der das Gefäß zum Überlaufen bringt. Das Lob der Wlassowas (Beispiel eines einschränkenden Lobes) wurde vor der Gardine rezitiert, und zwar im Beisein der Wlassowa, die etwas entfernt seitlich dabeistand.

10. Die Trauer der Mutter um den Sohn kann dadurch angedeutet werden, daß ihre Haare nunmehr weiß sind. Die Trauer ist stark, wird aber nur angedeutet. Selbstverständlich vernichtet sie den Humor nicht. Die Beschreibung der Verflüchtigung Gottes muß davon erfüllt sein.

11. Die Wirkung der Szene hängt davon ab, daß die Erschöpfung Pelagea Wlassowas deutlich gezeigt wird. Sie hat große Schwierigkeiten, klar und laut zu sprechen. Vor jedem einzelnen Satz schöpft sie neue Kraft in einer langen Pause. Dann spricht sie den Satz mit klarer Stimme, bestimmt und ohne Emotionen. So zeigt sie ihre langjährige Schulung. Die Darstellerin tut gut, ihr Mitleid mit der von ihr dargestellten Figur zu unterdrücken.

12. Die Darstellerin stellte sich hier nicht nur gegen die Arbeiter, mit denen sie sprach, sondern sie zeigte sich doch auch als eine von ihnen: mit ihnen zusammengenommen ergab sie das Bild des Proletariats zur Zeit des Kriegsausbruchs. Besonders das «Jaa», mit dem sie ihre letzte Replik in der 12. Szene beginnt, wurde mit großer Sorgfalt gesprochen, so daß es beinahe zur Hauptwirkung der Szene wurde. Bei gebeugter Haltung (einer Greisin) hob die

Darstellerin das Kinn nach oben und lächelte, das Wort langgedehnt und leise mit Kopfstimme aussprechend, als begriffe sie die Verführung zum Allesgehenlassen zugleich mit der Notwendigkeit, immerfort sein Äußerstes zu geben in der Lage, in der das Proletariat sich befindet.

13. Die Antikriegspropaganda machte die Darstellerin, indem sie zunächst gebückt, abgewendet und verhüllt durch ein großes Kopftuch sprach. Sie zeigte das Maulwurfsartige der Arbeit.

Immerfort aber wählte sie von allen denkbaren Zügen jene, deren Kenntnis eine politische Behandlung der Wlassowas im weitesten Umfang ermöglichte (also auch ganz individuelle, einmalige und besondere!), und solche, die den Wlassowas selber ihre Arbeit ermöglichen; so also, als spiele sie vor einem Kreise von Politikern –, darum aber nicht weniger Schauspielerin oder außerhalb der Kunst.

6

CHÖRE

Um das «Versinken» des Zuschauers, das «freie» Assoziieren zu bekämpfen, können im Zuschauerraum kleine Chöre plaziert werden, welche ihm die richtige Haltung vormachen, ihn einladen, sich Meinungen zu bilden, seine Erfahrung zu Hilfe zu rufen, Kontrolle zu üben. Solche Chöre richten einen *Appell an den Praktiker im Zuschauer,* rufen ihn zur Emanzipation gegenüber der dargestellten Welt und auch der Darstellung selber auf. Nachfolgend einige Beispiele von Chortexten. Sie sind änderbar (je nach der Situation) gedacht und können durch Verlesung von Zitaten oder Dokumenten, durch Vortrag von Gesängen ergänzt oder ersetzt werden.

Szene 1

Seite 7, vor: Fast schäme ich mich, meinem Sohn diese Suppe hinzustellen.

1. CHOR:

Seht hier Mutter und Sohn! Zwischen ihnen ist
Eine Entfremdung eingetreten. Durch äußere Umstände
Ist sie fast seine Feindin geworden: es kämpft hier die
Freundliche Mutter mit dem feindlichen Sohn.
Ihr seht also:
Der Kampf macht nicht halt in der Stube, der im Freien tobt
Und in von Kampf erfülltem Raum geht keiner kampflos.

Seite 7, nach: So wird er immer unzufriedener.

2. CHOR:

Er ist unzufrieden, da er seine Lage erkannt hat!
Und auf seine Unzufriedenheit wartet
Die ganze Welt.

Seite 8, nach: Ich sehe keinen Ausweg.

3. CHOR:

Seht doch, wieweit sie entfernt ist, ihre Aufgabe
Zu sehen, die riesige! Immer noch denkt sie, wie sie
Seinen verschwindenden Lohn einteile, so daß er
Noch kleiner werden könnte, dank ihrer Kunst unbemerkt!

Szene 2

Seite 11, nach: Solchen Leuten setze ich keinen Tee vor.

4. CHOR:

Ihren natürlichen Feind erblickt die Mutter in jedem, der
Ihren Sohn in seiner Auflehnung bestärkt. Viel
Besser erschiene es ihr für den Sohn, er bliebe verträglich
Gern gesehn auch bei seinen Unterdrückern, vielleicht
Könnte er so durchschlüpfen unter dem Elend oder etwa

Gar sich zu seinem Vorteil den Ausbeutern gesellen. So aber
Gefährdet er nur beim Bemühn, zu verbessern sein Obdach
Eben dies Obdach!

Seite 16, nach: Sie tun nicht das Rechte, aber er tut auch nicht das Rechte.

5. CHOR:
Halt! Fahrt nicht fort! Merkwürdig ist's, was ihr da darstellt!
Diese verurteilt die Menschen, die sie bekämpfen, ob ihrer Roheit.
Nur die Ausübung scheint ihr roh, das Gesetz nicht!
Andere gibt es, die Menschen verzeihn, welche rohe Gesetze ausführen.
Beides ist falsch! Unterscheidet doch nicht
Dieses Gesetz von seinen Dienern und diesen
Staat von seinen Beherrschern!
Ganz so ist er, wie sie sind! Denn von Menschen
Ist er gemacht. Aus Menschen besteht er, und für
Menschen ist er geplant
Und zwar nicht für alle
Sondern für wenige nur und für andre, als du bist.
Leicht entsteht das Gerücht und erhält sich lange
Daß der Staat etwas anderes sei als die ihn verwalten
Und von edlerer Art als die, die ihn für sich benutzen.
So wie man sagt: Das sind gute Leute mit schlechter Beschäftigung
Sagt man auch: schlechte Leute bedienen die gute Sache.
Aber in Wirklichkeit ist schlecht, wer schlecht handelt, und schlecht
Ist die Sache der Schlechten.
Sag also nicht: gut sei der Staat, der schlecht an dir handelt
Und er könnt besser sein. Nein: wenn er besser wär, wär er kein Staat mehr.

7

MODELL FÜR WEITERE SZENEN

Ist die Figur der «Mutter» durch eine Aufführung bekannt, dann können Einzelszenen folgender Art aufgeführt werden:

DER PAPIERMANTEL

Auch bei den kleinen Gelegenheiten des Alltags sucht Pelagea Wlassowa die Gleichgültigkeit der Ausgebeuteten gegen ihre Leiden zu bekämpfen.

Kramladen

EINE ARBEITERIN *mit einem Kind*: Wieviel macht es jetzt?

DIE KRÄMERIN: Die Wurst macht fünf, das Mehl macht zwölf, die Marmelade macht zehn, der Tee macht zwanzig, die Zündhölzer machen zwei Kopeken. Das sind neunundvierzig Kopeken.

DIE ARBEITERIN *zu dem Kind*: Siehst du, Iljitsch, neunundvierzig Kopeken, und jetzt soll ich dir noch einen Mantel kaufen. *Zu den andern Frauen im Laden:* Es friert ihn nämlich andauernd.

DIE FRAUEN: Er ist viel zu dünn angezogen. Da ist es kein Wunder, wenn er sich erkältet. Wie können Sie ihn so herumlaufen lassen, wo es so schneit!

DIE ARBEITERIN: Ich habe aber nur noch zwanzig Kopeken. Haben Sie denn Mäntel?

Die Krämerin zeigt eine Stange, an der sechs Kindermäntel hängen.

DIE ARBEITERIN: Da sind ja gleich eine ganze Menge. *Sie prüft den Stoff.* Die richtige Größe wäre es. Der da ist nicht so teuer. Er ist natürlich auch nicht so warm. Aber schlecht ist er nicht. Der mit dem Futter wäre besser.

DIE KRÄMERIN: Der ist auch teurer.

DIE ARBEITERIN: Und der dünne, was kostet der?

Die Krämerin: Fünfeinhalb Rubel.

Die Arbeiterin: Ja, dann kann ich ihn nicht kaufen. Soviel Geld habe ich nicht.

Die Krämerin: Für nichts ist der Tod. *Zu einer andern Frau:* Was kann ich Ihnen geben?

Die Frau: Ein halbes Pfund Grieß.

Die Arbeiterin: Vorige Woche haben sie in den Muratow-Werken schon wieder den Lohn gekürzt.

Pelagea Wlassowa: Das habe ich auch gehört: die Arbeiter waren einverstanden.

Die Arbeiterin: Aber nur, weil Herr Muratow sonst die Fabrik überhaupt zugesperrt hätte. Wenn mein Mann zu wählen hat zwischen einem niederen Lohn und der Schließung der Fabrik, dann wählt er den niederen Lohn.

Pelagea Wlassowa: Siehst du, Iljitsch, man muß immer für das kleinere Übel sein. Schließlich ist es auch für Herrn Muratow das kleinere Übel. Er wird uns lieber weniger zahlen als mehr. Wenn Herr Muratow einen Profit machen will, lieber Iljitsch, dann muß er deinem Vater den Lohn kürzen. Dein Vater braucht ja nicht weiterzuarbeiten, wenn er nicht will. Aber du brauchst einen Mantel. Und zwar brauchst du nicht einen Mantel für zwanzig Kopeken, sondern einen Mantel. Wenn er einen Mantel für zwanzig Kopeken bräuchte, wäre das sein Mantel. *Sie nimmt ein Schnittmuster aus Papier vom Ladentisch und zieht es dem kleinen Iljitsch an.*

Die Krämerin: Lassen Sie meine Schnittmuster liegen.

Pelagea Wlassowa: Siehst du, Iljitsch, du sollst gar keinen Mantel bekommen. Natürlich, so einer aus Papier, das ist auch kein richtiger. Und du willst doch einen richtigen? Da, er ist dünn wie Papier. Und deine Mutter hat überhaupt keinen. Das ist nicht recht.

Die Krämerin: Sie sollen meine Schnittmuster in Ruhe lassen!

Eine Frau: Sie macht doch nur Spaß.

Zweite Frau: Warum wollen Sie das Kind verspotten?

Pelagea Wlassowa: Wer verspottet Iljitsch? Ich oder Herr Muratow und der Mantelfabrikant? Iljitsch hat einen Mantel für ein paar Kopeken verlangt, er hat den Mantel bekommen. Ist er nicht warm? Hätte er doch einen warmen verlangt!

DIE KRÄMERIN: Sagen Sie es nur: ich bin schuld, weil ich den Mantel nicht herschenke.

DIE ARBEITERIN: Ich habe nichts von Ihnen verlangt, ich weiß, daß Sie das nicht können.

ERSTE FRAU *zu Pelagea Wlassowa*: Nicht wahr, das wollten Sie doch gar nicht sagen, daß die Krämerin schuld ist?

PELAGEA WLASSOWA: Nein. Niemand ist schuld außer Iljitsch.

DIE ARBEITERIN: Ich kann den Mantel jedenfalls nicht kaufen.

DIE KRÄMERIN: Sie müssen ja nicht kaufen, wenn Ihnen der Preis zu hoch ist.

PELAGEA WLASSOWA: Richtig, Iljitsch. Du brauchst keinen Mantel, wenn der Preis zu hoch ist.

DIE ARBEITERIN: Ich habe noch zwanzig Kopeken übrig und nicht mehr.

ZWEITE FRAU: Ich kenne sie schon. Sie geht herum und sät nur Unzufriedenheit.

ERSTE FRAU *deutet auf die Krämerin, die jetzt weint*: Sie muß doch die Mäntel dem Fabrikanten bezahlen.

PELAGEA WLASSOWA: Natürlich ist das kein Mantel: er gibt nicht warm. Und das – *sie zeigt auf die sechs Mäntel an der Stange* – sind auch keine Mäntel: das sind Waren. Wenn der Mantelfabrikant einen Profit machen soll, kann Iljitsch keinen andern Mantel bekommen. Dieser Mantel, Iljitsch, ist das kleinere Übel. Gar keiner wäre das größere. Geh also hinaus, Iljitsch, mit deinem Mantel, sag dem Schnee, er soll dich verschonen, da Herr Muratow dich nicht verschonen will. Du hast den falschen Mantel und die falschen Eltern, Iljitsch: sie wissen nicht, wie man Mäntel für dich bekommt. Jetzt sag dem Schnee und dem Wind, hierher sollen sie schneien, hier hängen die Mäntel.

8

EINE AMERIKANISCHE BEARBEITUNG

Um das dramatische Prinzip zu beleuchten, hier eine Bearbeitung des Stückes, welche der amerikanische Dramatiker Peters im Auftrage der Theatre Union in New York machte und welche wieder zu älteren Prinzipien zurückführte.

Einleitende Szene

It is early morning in the kitchen and living room of Pelagea Vlassova. The Mother is cooking soup for her son. Pavel enters from the little adjacent room, buttoning his shirt collar. He carries a book in his hand.

PAVEL: Good morning, mother.
MOTHER: But, Pavel, it's only five o'clock.
PAVEL: I know, Mother. I got up early this morning. I've got some work to do.

He sits down and starts lacing his shoes, meanwhile reading in the book which he has placed on the table.

MOTHER *looking et him, troubled; then shaking her head*: Work to do! *She goes back to the stove and stirs the soup*. Pavel.
PAVEL *without looking up from his book*: Yes, mother.
MOTHER: I'm almost ashamed to give you this soup for your dinner; it's so thin. But I haven't anything to put in it, Pavel: not a thing in the house. That penny an hour they cut you on your wages last week: that makes such a difference, Pavel. I skimp and I save, but somehow I just can't make it up.
PAVEL *absorbed in his reading, absently*: That's all right, mother.
MOTHER: No, it isn't all right. You work long hours; and you work hard; you need better food. *Turning back to the stove, shaking her head:* Oh, it's bad, it's bad. My only son, and I can't give him a good pail of soup for his dinner! You're

young, Pavel. You've got to grow. *She turns towards him, but he is deep in his book.* Why do you read those books all the time? You're dissatisfied now. With your wages cut and the soup getting thinner you'll only be more dissatisfied.

Meanwhile she has poured the soup into his dinner pail and brought it to him, as he sits bent over the book on the table.

PAVEL: Thanks.

Without looking up from his book, he lifts the cover of the pail and smells at the soup; then restoring the lid, he pushes the pail back.

MOTHER: Yes, I know, I know, it isn't good, Pavel. But what am I to do? What am I to do?

Pavel doesn't answer. Short pause.

MOTHER: I know what you're thinking. ‹The old woman, she's no help to me any more. She's just a nuisance. Why do I have to keep her and feed her and dress her out of my small wages?› Yes, yes, you'll leave one of these days. *She sits down, fretting.* What am I to do, Pavel, what am I to do? I stretch every kopek as far as it will go. I scrape on wood and I skimp on light. I patch and I darn and I save. But it doesn't do any good, Pavel. It doesn't do any good. I don't know what to do.

Pavel still reading his book.
The mother gets up and starts to clean the room. She brushes his coat, she dusts the furniture and sweeps the floor. Meanwhile, a chorus of revolutionary workers appears at both sides of the stage and sings:

CHORUS:
Work! Work harder, harder!
Skimp and pinch and save!
Reckon, reckon more closely!
But when the money is wanting
There's nothing you can do.

Do what you will
It won't help you any
You're in a bad way
It's going to be worse.
You can't go on this way
But what's the answer?

Once there was a crow
That could no longer feed its young
And struggled helplessly against the winter storms
And then, defeated, sat down and wept;
So you are too defeated
And so you weep.

Do what you will
It won't help you any
You're in a bad way
It's going to be worse.
You can't go on this way
But what's the answer?

In vain you work and spare yourself no effort
To provide what can never be provided
To replenish what can never be replenished
But when the money is wanting, no work is enough.
It is not you who decides whether or not
There shall be meat in your kitchen.

Do what you will
It won't help you any
You're in a bad way
It's going to be worse.
It can't go on this way
But what's the answer?

The chorus dims out. There is a knock on the door. Pavel gets up quickly. The Mother, surprised, turns and watches him. A small group of revolutionary workers enters. Several of them have bulges under their coats.

ANTON RYBIN: Well, here we are.

PAVEL: Hello, Anton! Andrei!

MASHA *looking around*: Yes, it looks safe here. They'll never find us here.

ANDREI: This is Masha Chalatova, Pavel. *They shake hands.* Pavel just joined last week. And this is Ivan, Ivan Vessovchikov. Pavel offered us his home, when there was special work to do.

More handshaking.

IVAN: There's plenty of that, all right.

ANDREI: We've got to print leaflets today, Pavel. That wage-cut has set the whole plant on its ear. We've been passing out leaflets the last three days.

MASHA: But today's the day that counts.

ANDREI: There's going to be a shop-meeting tonight to decide whether we let them get away with it – or strike!

ANTON: So – *he pulls a mimeograph out from under his coat and holds it up* – we brought our little printing plant along.

Masha pulls out several reams op paper from under her coat. They all laugh.

PAVEL *laughing with them*: Sit down. Mother will make some tea for you.

They all take off their coats, go to the table, set up their apparatus, and prepare for work.

ANDREI *handing Pavel the table-cloth he has removed*: Here. You'd better cover up the window, Pavel.

ANTON: By the way: where's your brother, Masha?

MASHA: We decided he'd better not come. Somebody seems to have followed him home yesterday. He thought he'd better go straight to the factory this morning.

PAVEL: Listen – *they look up at him and he lowers his voice* –, talk low, will you? I'd rather she didn't hear us – *with his head he points to the Mother at the stove.* She isn't young any more, you know.

They look at him and nod. Pause.

ANTON: Well, here's the stencil. Now, let's see . . .

Each one has a task, and they are soon busy at their work. At the stove, the Mother goes slowly about the job of making tea. Now and then, slyly, she turns about and watches them. She does not like what she sees.

MOTHER *mumbling to herself*: That's a fine-looking crew he's taken up with. I don't like their looks. They're going to ruin him. They'll lead him on into God only knows what trouble. *She slams the kettle down on the stove.* No, sir! For such people I don't make any tea. *She walks resolutely over to the table.* Pavel, I'm short on tea. You don't want weak tea, do you?

PAVEL: Sure. We don't mind weak tea, mother.

MOTHER *not knowing what to say*: All right. All right.

She goes back to the stove and sits down on a stool.

MOTHER: Now what am I to do? If I don't make tea for them, he'll know I don't like them. *Anton and Masha whisper to one another, as she whatches them.* They're whispering, so I won't hear them. Humph! They must have a fine lot of things that they can't talk out loud. *She gets up and goes with determination to the table.* Pavel, what do you suppose the landlord would think, if he noticed that queerlooking people met here at five o'clock in the morning and printed things. We're behind on the rent as it is.

PAVEL: What makes you think he'll notice, mother?

IVAN: Believe me, Mrs. Vlassova, that's what we're mainly concerned about, your being behind on the rent. Maybe it doesn't look that way, but it's the truth.

MOTHER *curt*: I'm not so sure about that. *She returns to the stove and sits down again.*

MASHA: I don't think your mother likes us, Pavel.

ANDREI: My mother's the same way. It's hard for her to realize that what we're doing will help her buy tea and pay the rent.

MASHA *sings to the Mother*:

If you haven't any soup
How will you get food to eat?
Then you must take the entire state
And turn it upside down
Until you get your soup.
That's how you'll get food to eat.

If you haven't any job
How are you ever going to live?
Then you must take the entire state
And turn it upside down
Until you are your own boss.
Then there'll be a job for you.

If people laugh and say you're weak
There isn't any time to lose
It's up to you to get
The weak ones all together.
Then you'll have a mighty strength.
Then no one will dare to laugh at you.

There is a shrill whistle from outside. The little group stops work instantly.

IVAN: Police!

ANDREI: Quick, the mimeograph. *Masha goes toward the sofa with it.* No, not here. Out the window. Anton, hide the leaflets. Sit on them. *All this ist hastily done. The Mother watches, bewildered.*

MOTHER: The police? Pavel! Pavel, what have you been doing? Why are the police coming here, Pavel? What have you been printing?

Masha *leading her gently to a chair near the window*: Nothing's going to happen. Just sit down and be quiet.

By this time, the mimeograph has been cleared away, and the workers sit down. There is an momentary pause; then, without knocking, the police break into the house.

A Policeman: Stop where you are! The first person to move will be shot . . .

Diese Bearbeitung wurde von uns abgelehnt, jedoch gelang es uns nicht, ihre Tendenzen im Aufführungsstil zu unterdrücken.

9

KRITIK DER NEW YORKER AUFFÜHRUNG
(Für die Zeitschrift «New Masses»)

Die Aufführung des Stückes «Die Mutter» durch die Theatre Union stellt den Versuch dar, New Yorker Arbeitern ein Stück von bisher unbekanntem Typus vorzustellen. Dieser Stücktypus nichtaristotelischer Dramatik, der sich der Darstellungsprinzipien eines neuartigen, nämlich epischen, Theaters bedient, verwertet einerseits die Technik des vollentwickelten bürgerlichen Theaters, andererseits die der kleinen proletarischen Spieltruppen, welche nach der Revolution in Deutschland für ihre proletarischen Zwekke einen eigentümlichen und neuartigen Stil ausarbeiteten; er ist nicht nur den Zuschauern, sondern auch den Schauspielern, Regisseuren und Dramaturgen unbekannt. Die Regieführung beansprucht plötzlich Kenntnisse politischer Art und Fähigkeiten künstlerischer Art, die zur Inszenierung von Stücken von bekanntem Typus unnötig sind.

Wenn *ein* Theater, so ist das proletarische Theater in der Lage, seinem Publikum voranzugehen, anstatt hinter ihm herzulaufen. Diesem Publikum vorangehen heißt aber nicht, es von der Teilnahme an der Produktion auszuschalten. Unsere Theater sollten in viel größerem Maßstab, als es geschieht, die Kontrolle der politisch und kulturell meistentwickelten Teile ihres Publikums über die Produktion organisieren. Eine ganze Reihe von Fragen, die sich bei der Inszenierung der «Mutter» erhoben, hätten durch eine leicht zu organisierende Mitarbeit von Arbeitern gelöst werden können. Niemals beispielsweise hätten politisch geschulte Arbeiter dem Theater zugestimmt, als es behauptete, es sei dem Publikum so wichtig, daß das Stück nicht länger als zwei Stunden dauere, daß man die große (wenn auch nur sieben Minuten lange) Antikriegspropaganda-Szene des dritten Aktes unbedingt streichen müsse. Sie hätten sofort gesagt: aber dann folgt auf eine Szene, in der gezeigt wird, wie 1914 das Proletariat in überwiegender Mehrheit die Losungen der Bolschewiki ablehnt (12), unmittelbar, wie ein Geschenk des Himmels, das den untätig Wartenden zufällt (14), der Umschwung von 1917! Man *muß* doch zeigen, daß zur Herbeiführung solcher Umschwünge revolutionäre Arbeit nötig ist, und man muß zeigen, wie sie gemacht werden soll. So argumentierend, hätten sie auch die ästhetische Konstruktion des dritten Aktes gerettet, die durch die unglückselige Streichung der Hauptszene ruiniert wurde.

Gleichzeitig verlangt und ermöglicht eine Dramatik vom Typus der «Mutter» ein viel größeres Maß von Freiheit für die Schwesterkünste, nämlich die Musik und die Bühnenarchitektur, als das Stück anderen Typs. Wir haben uns sehr gewundert über die geringen Möglichkeiten, die der ausgezeichnete Bühnenbauer hatte, seine Intentionen zu verwirklichen. Er wurde nicht für die Arrangements, die Stellungen der Schauspieler herangezogen, und er hatte nichts zu den Kostümen zu sagen. Die im letzten Augenblick vorgenommene Russifizierung der Kostüme, eine politisch bedenkliche Operation, weil dadurch ein Bilderbucheindruck entstand und die Tätigkeit der revolutionären Arbeiter einen exotischen und lokalen Anstrich bekam, wurde ohne seine Befragung vorgenommen. Sogar die Beleuchtung wurde ohne ihn vorgenommen. Seine Konstruktion zeigt offen den Lampenapparat und den musikalischen Apparat. Da aber die Klaviere während der Musikstücke nicht beleuchtet wurden, hatte man nur den Eindruck, es sei für sie lediglich kein Platz anderswo vorhanden gewesen. («Ich habe einen Plan / ich kleb mir einen Bart / halt einen Fächer vornedran / daß keiner ihn gewahrt.») Auf einer desillusionierenden Bühne wurden die Beleuchtungstricks der Illusionsbühne vorgeführt: es gab stimmungsvolle Oktoberabendbeleuchtungen zwischen diesen ganz andere Wirkungen anstrebenden einfachen Wänden und Apparaten. Dieselbe Behandlung erfuhr Eisler mit seiner Musik. Da die Regie Gruppierung und Gestus der Singenden nicht für die Sache des Musikers hielt, verloren einige Stücke ganz ihre Wirkung, da ein falscher politischer Sinn entstand. Das Chorlied «Die Partei ist in Gefahr» beschädigte die ganze Aufführung. Die Regie ließ, anstatt den oder die Sänger auf der Seite der Musikapparatur oder hinter der Szene zu postieren, die Sänger in das Zimmer eindringen, wo die Mutter krank lag, und diese mit heftigen Gebärden auffordern, der Partei zu Hilfe zu kommen. Aus dem Zustreben des einzelnen zu seiner Partei in der Stunde der Gefahr wurde ein Roheitsakt, aus dem überallhin ausgesandten Ruf der Partei, auf den sich selbst die Todkranken erheben, wurde das Aus-dem-Bett-Jagen einer kranken alten Frau. Das proletarische Theater muß lernen, die verschiedenen Künste, die es benötigt, zu freier Entfaltung zu bringen. Es muß verstehen, den künstlerischen und politischen Argumenten Gehör zu geben und darf nicht dem Regisseur Gelegenheit verschaffen, sich individuell «auszudrücken».

Eine wichtige Frage ist die Frage der Vereinfachung. Damit das Verhalten der Figuren des Dramas so deutlich gezeigt werden kann, daß der Zuschauer die politische Bedeutung dieses Verhaltens voll erfassen kann, sind einige Vereinfachungen nötig. Aber Einfachheit ist nicht Primitivität. Auf dem epischen Theater ist es durchaus möglich, daß eine Figur sich in allerkürzester Zeit exponiert, indem sie zum Beispiel einfach berichtet: Ich bin der Lehrer dieses Dorfes; meine Arbeit ist sehr schwer, da ich zuviel Schüler habe usw. Aber was möglich ist, muß doch erst möglich gemacht werden. Hier ist Kunst nötig. Sprechweise und Gestus müssen hier sorgfältig gewählt und groß geformt werden. Da das Interesse des Zuschauers einzig auf das Verhalten der Figuren gelenkt wird, muß, rein ästhetisch gesprochen, der jeweilige Gestus bedeutend und typisch sein. Die Regieführung muß vor allem historischen Blick haben. Die kleine Szene zum Beispiel, in der die Wlassowa ihre erste Lektion in der Ökonomie empfängt, ist keineswegs nur ein Ereignis in ihrem eigenen Leben; es ist ein historischer Vorgang; unter dem ungeheuren Druck des Elends beginnen die Ausgebeuteten zu denken. Sie entdecken die Ursachen ihres Elends. Stücke von diesem Typus sind so sehr interessiert an der Entwicklung des Lebens, das sie schildern, als an einem prozessualen Vorgang, daß sie eigentlich erst beim zweiten Besuch voll wirken können. Bestimmte Sätze der Personen werden erst voll erfaßt, wenn man schon weiß, wie diese Personen im späteren Verlauf sprechen werden. Es ist also nötig, den Vorgängen und den Sätzen eine Prägung zu verleihen, die sie dem Gedächtnis einverleibt. In der Aufführung der «Mutter» in der Theatre Union wurde eine richtige Art des Sprechens in folgenden Sätzen verwendet: in der Szene, in der die Mutter krank liegt, von Frau Henry (leider wurde die Szene dann gekürzt); in der Szene der Maidemonstration von dem Darsteller des Pawel, John Boruff, hauptsächlich bei der Stelle «Smilgin, worker, revolutionary, twenty years in the movement, on May First, 1905, at 11 o'clock in the morning etc.»; von Millicent Green in der Szene der Bibelzerreißung, wenn sie als gekündigte Mieterin die Bibel verlangt, um nachzuweisen, daß der Christ seinen Nächsten lieben soll.

Diese angeführten Stellen wurden richtig gesprochen, weil sie so verantwortlich wie Aussagen vor Gericht gesprochen wurden, die man zu Protokoll gibt, und weil der Gestus im Gedächtnis bleiben kann.

Das alles sind schwierige künstlerische Aufgaben, und auch ein Mißglücken oder Nurzumteilglücken am Anfang darf unsere Theater nicht entmutigen. Wenn wir die Organisation der künstlerischen Produktion verbessern können, wenn es uns gelingt, unsere Vorstellung vom Theater vor der Erstarrung zu bewahren, unsere Technik auszubilden und geschmeidig zu machen, kurz, zu lernen, haben wir die Möglichkeit angesichts der unvergleichlichen Bereitschaft unseres proletarischen Publikums und des unleugbar frischen Impetus unserer jungen Theater, eine wirkliche proletarische Kunst aufzubauen.

10

BRIEF AN DAS ARBEITERTHEATER «THEATRE UNION» IN NEW YORK, DAS STÜCK «DIE MUTTER» BETREFFEND

1

Als ich das Stück «Die Mutter» schrieb
Nach dem Buch des Genossen Gorki und vielen
Erzählungen proletarischer Genossen aus ihrem
Täglichen Kampf, schrieb ich es
Ohne allen Umschweif, in kärglicher Sprache
Reinlich die Worte setzend, alle Gesten
Meiner Gestalt sorgsam wählend, wie man
Die Worte und Taten der Großen berichtet.
Nach bestem Vermögen
Stellte ich jene alltäglich erscheinenden
Tausendfachen Vorgänge in verachteten Wohnungen
Unter den Vielzuvielen als historische Vorgänge dar
Keineswegs weniger bedeutend als die berühmten
Taten der Feldherren und Staatsmänner der Lesebücher.
Für meine Aufgabe hielt ich es, von einer großen historischen
Gestalt zu berichten:
Dem unbekannten Vorkämpfer der Menschheit.
Zur Nacheiferung.

2

So seht ihr also die proletarische Mutter den Weg gehn
Langen gewundenen Weg ihrer Klasse, seht, wie zuerst

Ihr der Pfennig fehlt am Lohn ihres Sohnes: sie kann ihm
Seine Suppe nicht schmackhaft kochen. So verwickelt sie sich
In einen Kampf mit ihm, fürchtet, ihn zu verlieren. Dann
Hilft sie ihm widerwillig bei seinem Kampf um den Pfennig
Ständig befürchtend, ihn nun im Kampf zu verlieren. Langsam
Folgt sie dem Sohn in das Dickicht der Lohnkämpfe. Dabei
Lernt sie lesen. Verläßt ihre Hütte, betreut noch andere
Als den Sohn, doch in gleicher Lage Befindliche, gegen die sie
Einstmals kämpfte um ihren Sohn; nun kämpft sie mit ihnen.
So beginnen die Wände zu fallen um ihren Herd. Ihr Tisch beherbergt
Mancher anderen Mutter Sohn. Zum Versammlungsraum
Wird die Hütte, die einmal für zwei zu klein war. Aber den Sohn
Sieht sie nur selten. Der Kampf entführt ihn ihr.
Und sie selber steht im Gedränge der Kämpfenden. Das Gespräch
Zwischen dem Sohn und der Mutter wird zum Zuruf
Während der Schlacht. Am Ende fällt der Sohn. Nicht mehr
Möglich war ihr's, ihm die Suppe zu schaffen auf dem einzigen
Weg, den es gab. Aber nun steht sie schon
Im dichtesten Getümmel der unaufhörlichen
Riesigen Klassenschlacht. Immer noch Mutter
Mehr noch Mutter jetzt, vieler Gefallenen Mutter
Kämpfender Mutter, Ungeborener Mutter, räumt sie
Jetzt im Staatswesen auf. Gibt den Herrschenden Steine
In das erpreßte Mahl. Reinigt Waffen. Lehrt
Ihre vielen Söhne und Töchter die Sprache des Kampfes
Gegen den Krieg und die Ausbeutung, Mitglied einer Heeresmacht
Über den ganzen Planeten, Verfolgte und Verfolgerin
Nichtgeduldete und Unduldsame. Geschlagene und Unerbittliche.

3

So auch führten wir das Stück auf wie einen Bericht aus großer
Zeit
Nicht weniger golden im Licht vieler Lampen, als die
Königlichen Stücke früherer Zeiten aufgeführt wurden
Nicht weniger heiter und lustig, maßvoll
In den traurigen Dingen. Vor reinliche Leinwand
Traten die Spieler einfach mit den charakteristischen
Gesten ihrer Szenen, ihre Sätze
Genau bringend, verbürgte Worte. Jeglichen Satzes Wirkung
Wurde abgewartet und aufgedeckt. Und abgewartet wurde
Bis die Menge die Sätze auf die Waagschale gelegt hatte – haben
wir doch bemerkt
Wie der Wenigbesitzende, Oftgetäuschte
Die Münze mit den Zähnen anbeißt, ob sie auch echt ist. So wie
die Münze
Sollten die Wenigbesitzenden, Oftgetäuschten, unsere Zuschauer
Die Sätze der Spielenden prüfen können. Wenige Andeutungen
Zeigten die Schauplätze an. Einige Tische und Stühle
Das Unentbehrlichste genügte schon. Aber die Fotografien
Der großen Gegner waren projiziert auf die Tafeln des Hinter-
grunds
Und die Aussprüche der sozialistischen Klassiker
Umgaben, aufgemalt auf Tücher oder projiziert auf die Tafeln
Die sorgsamen Spieler. Ihr Auftreten war natürlich.
Jedoch blieb weg das Nichtsbesagende in der
Wohlüberlegten Kürzung. Die Musikstücke
Wurden leicht dargereicht, mit Anmut. Viel Lachen
War im Zuschauerraum. Die unversiegliche
Gute Laune der listigen Wlassowa, geschöpft aus der Zuversicht
Ihrer jungen Klasse, erregte
Glückliches Lachen auf den Bänken der Arbeiter.
Sie benützten eifrig die seltene Gelegenheit
Ohne dringlichste Gefahr den üblichen Vorfällen beizuwohnen
und somit

Die Muße, sie zu studieren und sich das eigene Verhalten
Zurechtzulegen.

4

Genossen, ich sehe euch
Das kleine Stück lesend, in Verlegenheit.
Die kärgliche Sprache
Scheint euch ärmlich. So wie in diesem Bericht
Drücken sich, sagt ihr, die Leute nicht aus. Ich las
Eure Bearbeitung. Hier fügt ihr ein «Guten Morgen» ein
Dort ein «Hallo, mein Junge». Den großen Schauplatz
Füllt ihr mit Hausrat. Kohlgeruch
Kommt vom Herd. Die Kühne wird brav, das Historische
    alltäglich.
Statt um Bewunderung
Werbt ihr um Mitgefühl mit der Mutter, die ihren Sohn
    verliert.
Den Tod des Sohnes
Legt ihr schlau an den Schluß. So nur, denkt ihr,
    wird der Zuschauer
Sein Interesse bewahren, bis der Vorhang fällt.
    Wie der Geschäftsmann
Geld investiert in einen Betrieb, so, meint ihr,
    investiert der Zuschauer
Gefühl in den Helden: er will es wieder herausbekommen
Und zwar verdoppelt. Aber die proletarischen Zuschauer
Der ersten Aufführung vermißten den Sohn am Schluß nicht.
Ihr Interesse hielt an. Und nicht aus Roheit.
Und auch damals fragten uns etliche:
Wird der Arbeiter euch auch verstehen? Wird er verzichten
Auf das gewohnte Rauschgift, die Teilnahme im Geiste
An fremder Empörung, an dem Aufstieg der anderen;
    auf all die Illusion
Die ihn aufpeitscht für zwei Stunden und erschöpfter
    zurückläßt

Erfüllt mit vager Erinnerung und vagerer Hoffnung?
Werdet ihr wirklich, anbietend
Wissen und Erfahrung, ein Parkett von Staatsmännern haben?
Genossen, die Form der neuen Stücke
Ist neu. Aber warum
Fürchten, was neu ist? Ist es schwer zu machen?
Aber warum fürchten, was neu ist und schwer zu machen?
Für den Ausgebeuteten, immer Getäuschten
Ist auch das Leben ein ständiges Experiment
Der Erwerb einiger Pfennige
Ein unsicheres Unternehmen, das nirgends gelehrt wird.
Warum sollte er das Neue fürchten anstatt das Alte?
        Aber selbst wenn
Euer Zuschauer, der Arbeiter, zögerte, dann müßtet ihr
Nicht hinter ihm herlaufen, sondern ihm vorangehen
Rasch vorangehen, mit weiten Schritten, seiner endlichen Kraft
Unbedingt vertrauend.

11

IST DIE NICHTARISTOTELISCHE DRAMATIK VOM TYPUS DER «MUTTER» PRIMITIV?

War die New Yorker Aufführung auch in ihren Prinzipien schwankend, so blieb doch genügend, um sie zu einer epischen zu stempeln. Die Beschwerden der um das gewohnte «Erlebnis» gebrachten bürgerlichen Zuschauer blieben weder in Berlin noch in New York aus:

ACHT-UHR-ABENDBLATT, *Berlin, vom 18. 1. 1932*
«. . . Brecht wendet sich an Ohr und Verstand und läßt fast gänzlich die Grundlagen der russischen Umwelt und Psychologie fallen, durch deren Darstellung Gorkis Tendenzwerk zum Kunstwerk ward . . .»

NEW YORK DAILY HERALD *vom 20. 11. 1935*

«... Pudovkin worked the novel into a gripping and masterful screen tragedy. In the Brecht adaptation, however, the bitter narrative of a worker's mother, who unwittingly betrays her son and redeems by marching into death with him in a strike has been incredibly distorted ... the mother is shown taking a sort of seminar in class struggle tactics from 1905 to 1917 and nearly all the color of the Gorky classic has vanished ...»

DEUTSCHE ZEITUNG, *Berlin, vom 18. 1. 1932*

«... Für den Stil dieser Aufführungen stehen Schauspieler zur Verfügung, die durch die Klarheit ihres Spiels fesseln. Freilich, das eigentliche Schauspielerische, das heißt verwandelte Leidenschaft im erlebten Spiel der Bühne, wird unterdrückt, und an die Stelle tritt der Berichterstatter, der Erzähler, der unbeteiligte Zuschauer.»

WESTFÄLISCHER KURIER, *Hamm*

«... Er (Billinger) zeigt auch in seinem Schluß, wie nach dem Untergang dieses von den Dämonen verführten Paares sich einer unter dem Zwang der Ereignisse und angerührt von der Gnade des Christtages, einer, den die Rauhnacht auch in ihren Bann gezogen hat, sich zur Ehe entschließt – es ist ein Meisterwerk Billingers, wie er das gestaltet zur Ordnung der Ehe, so wie sie uns geheimnisvoll vorgebildet ist im Mysterium der Menschwerdung Gottes und der heiligen Familie. Wir können stolz darauf sein, endlich wieder einmal einen katholischen Dramatiker an so prominenter Stelle aufgeführt zu wissen.

Wie arm im Gegensatz dazu ist das von der kommunistischen Gruppe junger Schauspieler aufgeführte und von Brecht als Lehrstück dramatisierte Schauspiel ‹Die Mutter› nach dem bekannten Roman von Maxim Gorki. Die Erlebnisse einer Arbeiterfrau, die für ihren Sohn nicht mehr satt zu essen hat, entwickeln sich systematisch aus dem Privatleben in die Partei und wollen beweisen, daß auch der Platz einer Mutter dort ist, wo auch der imperialistische Krieg nach Lenins Lehre übergeleitet wird in den Bürgerkrieg.»

Deutsche Tageszeitung, *Berlin, vom 18. 1. 1932*
«. . . Was geschieht, vor den Augen des Publikums abläuft, ist vernichtend dürftig und kindlich . . .»

Daily Mirror, *New York, vom 20. 11. 1935*
«. . . ‹Mother› is poor stuff amateurishly presented.»

Der Vorwärts, *Berlin, vom 18. 1. 1932*
«. . . Es (Gorkis Roman) ist ein herrlicher Roman . . . Pelagea darf sterben als anbetungswürdige Proletarierseele, obwohl die Zarengendarmen die schimmernde Revolutionärin tödlich kränken . . . Brecht krempelt aber den wunderbaren Gorkismus von dazumal in den Stalinismus von 1932 um . . . Kurz, der großartige Roman, umgeformt zum Drama, wird wieder ein Roman, aber hat den psychologischen Schmelz verloren.»

Berliner Tageblatt *vom 18. 1. 1932*
«. . . Mildernde Freundlichkeit bleibt es, zu sagen: es sei ein Stück für primitive Hörer. Sondern es ist das Stück eines primitiven Autors.»

Brooklyn Daily Eagle *vom 20. 11. 1935*
«. . . It should be classed as an entertainment for children for it is a simple kindergarten for Communist tots . . .»

New York Evening Journal *vom 20. 11. 1935*
«. . . They underestimate, I suspect, the intelligence of their audience. Their method is as naive as blackboard, as childish as a set of nursery building blocks.

‹I am Pelagea Vlassova›, says the old woman, speaking directly to the audience, ‹and I am making soup for my son, a worker. The soup gets thinner and thinner, and he will not like it. He will grow discontented and get into trouble. He reads books.›

She might as well have added the significant news that C A T spells cat . . .»

Man sieht, wie hartnäckig das bürgerliche Publikum auf der prompten Befriedigung ideologischer und nervenmäßiger Bedürfnisse im Theater besteht. Kommt das Theater seiner festgelegten Funktion nicht oder mangelhaft nach, dann hat es eben versagt, ist zu dürftig, ist primitiv. Wie schwierig es ist, diese starre Funktionsfixierung zu durchbrechen, zeigt ein naives Geständnis Andor Gabors in der «Linkskurve» anläßlich einer Besprechung der Aufführung von Bechers «Großem Plan» durch (angebliche) Epigonen des epischen Theaters. Gabor schreibt:

LINKSKURVE, *Berlin, November-Dezember 1932*
«Ging er (der Zuschauer) auch mit der Absicht hin, der Bühne, den Verfassern und Darstellern zuzujubeln, so konnte er es doch nicht tun, weil das Dargebotene ihm ‹nur› – das ist nicht wenig – die Saiten gespannt, nicht aber die mit allen Nerven gewünschte klingende Melodie hervorgebracht hat.»

So also gehen selbst politisch aufgeklärte Leute ins Theater! In den ganzen weiteren Ausführungen stand keine Zeile über die politischen Folgen der Veranstaltung! Aber nur durch sehr starke politische oder wenigstens philosophische oder verhaltenspraktische Interessen des Zuschauers kann das Theater einer neuen gesellschaftlichen Funktion zugeführt werden. Die Arbeiter, die das Stück ansahen, gingen denn auch keineswegs ohne Erlebnis aus der Vorstellung der «Mutter». Sie konnten auch das Stück nicht primitiv finden.

WELT AM ABEND, *Berlin, vom 8. 1. 1932*
«. . . Primitiv ist diese Art wahrhaftig nicht. Es gab sehr viele Szenen, die gewiß Anlaß zu Aussprachen in ganzen Kursen gegeben hätten.»

NEW YORK POST *vom 20. 11. 1935*
«. . . The first-nighters interviewed by this reporter came for one of two reasons – curiosity or sympathy with the workers' struggle. Their comments, for the most part, disregarded the unconventio-

nal methods of the production and were more arguments for the political theme than for the play as a play . . .»

THE NEW LEADER, *New York, vom 30. 11. 1935*
«. . . Taken on its own terms, ‹Mother› is the most straight-forward, most direct and undeviating drama the Theatre Union has presented. It takes several minutes to discover the plane of its presentation, and for that time ‹Mother› seems sentimental and naive. It is, for it is the dramatic presentation of a lesson in terms of one woman's life, an elementary tract in terms of the theatre, the theme of class consciousness stripped of all fatty complications, clean to the bone of the contention – bone and marrow of pounding preachment through a play. As such, ‹Mother› becomes a significant document, soundly devised and curiously impressive . . . It is not, in any usual sense, a play; but it is in simplest terms a new demonstration of the far-reaching potency and value of the theatre. It is, not chronologically but in structure and spirit and fruitful energy, the ‹Mother›, the phylogenitor, of all ‹Lehr-Stücke›, of all propaganda plays.»

NEW YORK DAILY WORKER *vom 22. 11. 1935*
«. . . It was Brecht's plan to have a spectacle representing the dramatic story of present-day class struggle which must culminate in the victory of the proletariat. He planned his play on a grandiose scale. Scene after scene, picture after picture of the world conflict were to pass before the eyes of the beholder . . . R e v o l u t i o n a r y   t e c h n i c s : Needless to say, such a production requires a technic of its own. It has been asserted that the acting must needs be abstract since social categories represent abstractions. We do not think this is correct. The workers, capitalists and state officials who appear in such a play can be living human beings, men and women of flesh and blood. In other words, they can be real. It is true, however, that this would be realism of a special kind . . . At the Civic Theatre the Theatre Union is presenting an exiting new play . . . It is different from any other play on the American stage . . . The author has boldly utilized a new

technic of style, staging and music to tell a great story . . . In the center of the play is one of the most memorable of stage characters, Pelagea Vlassova, revolutionary mother . . .»

Weit entfernt davon, auch nur einen Augenblick zu glauben, es handle sich hier um eine Schilderung gewisser historischer Vorkommnisse in Rußland zum Zwecke einer «Teilnahme im Geiste» an abenteuerlichen Begebenheiten, um eine «Herauskristallisierung des ewig Menschlichen» usw., weit entfernt auch, die unmenschlichen Verhältnisse, in denen sie leben, ganz besondere, änderbare Verhältnisse, vergessen zu wollen, waren diese Zuschauer bereit, ihre ganze Erfahrung, Intelligenz, Kampfbegeisterung zu mobilisieren, Schwierigkeiten und Aufgaben zu erkennen, Vergleiche anzustellen, Einwände zu erheben, das Verhalten der Personen auf der Bühne zu kritisieren oder es, abstrahierend, auf ihre eigenen Situationen zu transportieren, um daraus zu lernen. Sie verstanden diese Psychologie, die eine *anwendbare, politische Psychologie* ist. Der Zuschauer wird als Abbildern von Menschen gegenüberstehend behandelt, deren Urbilder er in der Wirklichkeit zu behandeln, d. h. zu Äußerungen und Handlungen zu bringen hat und nicht etwa als streng ausdeterminierte Phänomene auffassen darf. Seine Aufgabe seinen Mitmenschen gegenüber besteht darin, unter die determinierenden Faktoren sich selbst einzuschalten. Bei dieser Aufgabe hat ihn die Dramatik zu unterstützen. Die determinierenden Faktoren, wie soziales Milieu, spezielle Ereignisse usw., sind also als veränderliche darzustellen. Eine gewisse Austauschbarkeit der Vorkommnisse und Umstände muß dem Zuschauer das Montieren, Experimentieren und Abstrahieren gestatten und zur Aufgabe machen. Von den Unterschieden der Individuen interessieren den mit ihnen verkehrenden, auf sie angewiesenen, mit ihnen kämpfenden *politischen* Menschen ganz bestimmte Unterschiede (z. B. solche, deren Kenntnis die Führung des Klassenkampfes erleichtert). Es hat für ihn keinen Zweck, einen bestimmten Menschen so lange aller Besonderheiten zu entkleiden, bis er als «der» Mensch (schlechthin) dasteht, also als nicht weiter zu veränderndes Wesen. Der Mensch ist in seiner Eigenschaft als des Menschen (des Zuschauers) Schicksal zu fassen. Die Definition muß praktikabel sein.

Unter dem Begreifen eines Menschen verstehen wir nämlich nicht weniger als: ihm gegenüber Griffe haben. Jener «totale» Überblick über ihn, der ihn uns umreißt und der momentan sein muß, genügt nicht, sondern ist nur eine Voraussetzung unserer eigentlichen entscheidenden Operation des Begreifens, die ihn *handhabt*, und dazu eben jenen Überblick als eine Art Situationsplan braucht. Auch ist solch ein Überblick überhaupt nicht zu gewinnen ohne einen solchen Plan einer Operation: Nur im Hinblick auf diese ist er zu gewinnen und gilt er. Wir können den andern nur begreifen, wenn wir in ihn eingreifen können. Auch uns selbst können wir nur begreifen, indem wir in uns eingreifen. Der Mensch scheint zunächst als ein von Menschen benutzbares und Menschen benutzendes Wesen nicht zu Ende definiert. Aber zumindest ist es für jene Bewegung, die die mißbräuchliche Benutzung des Menschen durch den Menschen zu bekämpfen hat, die kommunistische, praktisch, ihn so zu definieren. Er wird, so definiert, über seine Traktabilität hinaus in seiner Totalität erscheinen – so unerwartet dies geschehen mag.

12

«UNMITTELBARE», ÜBERBRÜCKENDE WIRKUNG

Die herrschende Ästhetik verlangt vom Kunstwerk, indem sie eine unmittelbare Wirkung verlangt, auch eine alle sozialen und sonstigen Unterschiede der Individuen überbrückende Wirkung. Eine solche die Klassengegensätze überbrückende Wirkung wird von Dramen der aristotelischen Dramatik auch heute noch erzielt, obwohl die Klassenunterschiede den Individuen immer mehr bewußt werden. Sie wird auch erzielt, wenn die Klassengegensätze der Gegenstand dieser Dramen sind, und sogar, wenn in ihnen für die eine oder andere Klasse Stellung genommen wird. In jedem Fall entsteht im Zuschauerraum auf der Basis des allen Zuhörern gemeinsamen «allgemein Menschlichen» *für die Dauer des Kunstgenusses* ein Kollektivum. An der Herstellung dieses Kollektivums ist die nichtaristotelische Dramatik vom Typus der «Mutter» nicht interessiert. Sie spaltet ihr Publikum.

NEUE PREUSSISCHE KREUZZEITUNG, *Berlin, vom 18. 1. 1932*
«. . . Es handelt sich um eine Mutter, die durch ihren Sohn in die Parteiarbeit hineingezogen und schließlich eine fleißige Biene ausdauernder Wühlarbeit für den Kommunismus wird. Also: Hohes Lied auf den kleinen Mann aus der Partei, der seine Pflicht tut. Grob, aufreizend, propagandistisch gemacht. Ein Pfingstfest für die Gesinnungsgenossen, wirksamer als Reden und Zeitungen. Ein Irrsinn für den Außenstehenden . . .»

13

IST DER KOMMUNISMUS EXKLUSIV?

DEUTSCHE ALLGEMEINE ZEITUNG, *Berlin, vom 17. 1. 1932*
«. . . Brecht hat in dieser Bearbeitung, einer dramatischen Bearbeitung des Romans ‹Die Mutter› von Maxim Gorki, wieder einmal ein Lehrstück geschrieben. Unterweisung für primitive Zuhörer zu richtigem, d. h. kommunistischem Verhalten in allen Lebenslagen. Als Theater und als Literatur ist das schrecklich: als politische Propaganda etwas, was man beachten sollte . . .»

«. . . Thema des Stückes ist das politische Verhalten, sein Zweck die Erziehung der Hörer dazu. Auf diesen Zweck wird so zielbewußt mit allen Mitteln hingearbeitet, daß in diese Aufführung, die sicher wieder auch durch die Saalbühnen des Ostens und Nordens geschleppt werden wird, die Politiker viel mehr hineingehören als unsereiner . . .»

«. . . Man kommt sich vor dieser Geschichte mit der Mutter, die trotz ihres Widerstrebens von ihrem Sohn und seinen Freunden kommunistisch erzogen wird und dann ihrerseits selbst energisch

kommunistische Propagandaarbeit leistet, durchaus deplaciert vor. Die Verfasser haben keine dichterischen, sondern rein politische Ziele im Auge . . .»

GERMANIA, *Berlin, vom 19. 1. 1932*
«. . . um endlich einmal denen entgegnen zu können, die Brecht als ästhetisches Phänomen nehmen – nur deshalb, weil er angeblich einen neuen Theaterstil erfunden hat.»

«Hinter ihm aber steht ja gar nicht sein Individualwille. Nicht seine Formabsicht. Hinter ihm steht – das bewies der Abend im Komödienhaus! – die ganze kommunistische Ideologie. Sie steht hinter Brecht als einem Bühnenschriftsteller, der sich langsam durchentwickelt hat zu einem der literarischen Interpreten des Bolschewismus in Deutschland. Damit ist er nicht mehr ästhetisch zu werten, sondern p o l i t i s c h.»

KÖNIGSBERGER ALLGEMEINE ZEITUNG *vom 23. 1. 1932*
«. . . Mit Dichtung hat diese Geschichte von der Mutter, die trotz ihres Widerstrebens von ihrem Sohn und seinen Freunden kommunistisch erzogen wird und dann ihrerseits selbst energische kommunistische Propaganda-Arbeit leistet, nichts zu tun. Es ist ein reines Zweckstück, sehr geschickt mit den Mitteln gemacht, die Brecht sich aus seinen Prinzipien des epischen Theaters abgeleitet hat.»

DEUTSCHE ALLGEMEINE ZEITUNG, *Berlin, vom 17. 1. 1932*
«. . . Theatralisch ist dies alles belanglos, politisch ist es mit seinem Einhämmern: nur Gewalt tut es, jedes Mittel ist recht, doch wichtig . . .»

«. . . Über das theatralische Drum und Dran ist, weil das Mittel nicht Zweck ist, wenig zu sagen . . .»

GERMANIA, *Berlin, vom 19. 1. 1932*
«Das Ganze ist eine eindeutige, klipp und klare Heroisierung eines revolutionären Frauentypus, herausgeführt aus der bürgerlichen in die klassenkämpferische, proletarische Welt.»

Deutsche Allgemeine Zeitung, *Berlin, vom 17. 1. 1932*
«... Gerade weil die geistige Wirkung dieser Lehrstücke so lähmend und ertötend ist, soll man die politische nicht unterschätzen...»

«... Denn hier ist die Propaganda zugleich praktische Anweisung zum Verhalten – und das ist das Entscheidende.»

Neue Leipziger Zeitung
«... Es gibt nur ein unbürgerliches Element in der Welt, das ist der ungebundene Geist. Auch ‹Die Mutter› von Brecht atmet wie alle theatralisch propagandistischen Darstellungen einer organisierten Revolution eine kleinbürgerlich solide Hausbackenheit.»

(H. Kesten)

Viele, beinahe alle bürgerlichen Beurteiler der «Mutter» sagten uns so, diese Aufführung sei eine Sache der Kommunisten allein. Von solch einer Sache sprachen sie wie etwa von einer Sache der Kaninchenzüchter oder Schachspieler, die also recht wenige Menschen angeht und vor allem nicht beurteilt werden kann von Leuten, die von Kaninchen oder Schachspielen nichts verstehen. Aber wenn schon nicht die ganze Welt den Kommunismus für ihre Sache hält, so ist doch die Sache des Kommunismus die ganze Welt. Der Kommunismus ist keine Spielart unter Spielarten. Radikal auf die Abschaffung des Privateigentums an Produktionsmitteln ausgehend, steht er allen Richtungen, die sich durch was immer unterscheiden, aber in der Beibehaltung des Privateigentums einig sind, als einer einzigen Richtung gegenüber. Er erhebt den Anspruch, die direkte und einzige Fortführung der großen abendländischen Philosophie zu sein, als solche Fortführung eine radikale Umfunktionierung dieser Philosophie, wie er die einzige praktische Fortführung der abendländischen (kapitalistischen) Entwicklung und als solche zugleich die radikale Umfunktionierung der entwickelten Wirtschaft ist. Wir können und müssen darauf hinweisen, daß unsere Aussagen keine beschränkt subjektiven, sondern objektive und allgemein-verbindliche sind. Wir sprechen nicht für uns als ein kleiner Teil, sondern für die gesamte Menschheit als der Teil, der die Interessen der gesamten Menschheit (nicht eines Teiles) vertritt. Niemand hat das Recht, daraus, daß wir kämpfen, den Schluß zu ziehen, wir seien nicht objektiv. Wer immer heute, um einen scheinbar objektiven Eindruck hervorzurufen, einen Eindruck, als kämpfte er nicht, hervorruft, der wird bei genauerer Betrachtung auf einem hoffnungslos subjektiven, die Interessen eines winzigen Teiles der Menschheit vertretenden Standpunkt ertappt werden können. Er wird, objektiv betrachtet, die Interessen der gesamten Menschheit durch sein Eintreten für die Beibehaltung der kapitalistischen Besitz- und Produktionsverhältnisse verraten. Der scheinbar objektive «linke» bürgerliche Skeptiker erkennt nicht oder will nicht erkennen lassen, daß er in diesem großen Kampf mitkämpft, indem er die permanente, aber durch den Usus langer Zeit dem Bewußtsein entrückte Ausübung der Gewalt durch eine kleine Schicht nicht Kampf nennt. Es ist notwendig, dieser besitzenden Schicht, einer entarteten, schmutzigen, objektiv und subjektiv unmenschlichen Clique, sämtliche «Güter idealer Art» aus den Händen zu schlagen, gleichgültig, was eine ausgebeutete, am Produzieren gehinderte, sich gegen das Verkommen wehrende Menschheit mit diesen Gütern weiterhin anzufangen wünscht. Zuerst muß unter allen Umständen diese Schicht jeden Anspruchs auf menschliches Ansehen verlustig gesprochen werden. Was immer weiterhin «Freiheit», «Gerechtigkeit», «Menschlichkeit», «Bildung», Produktivität», «Kühnheit», «Zuverlässigkeit» bedeuten sollen – bevor diese Begriffe nicht von allem gereinigt sind, was ihnen von ihrem Funktionieren in der bürgerlichen Gesellschaft anhaftet, werden sie nicht mehr gebraucht werden dürfen. Unsere Gegner sind die Gegner der Menschheit. Sie haben nicht «recht» von ihrem Standpunkt aus: das Unrecht besteht in ihrem Standpunkt. Sie müssen vielleicht so sein, wie sie sind, aber sie müssen nicht sein. Es ist verständlich, daß sie sich verteidigen, aber sie verteidigen den Raub und die Vorrechte, und verstehen darf hier nicht verzeihen heißen. Der dem Menschen ein Wolf ist, ist kein Mensch, sondern ein Wolf. «Güte» bedeutet heute, wo die nackte Notwehr riesige Massen zum Endkampf um die Kommandohöhe wird, die Vernichtung derer, die Güte unmöglich machen.

Germania, *Berlin, vom 19. 1. 1932*

«Die ‹Mutter› ist also jetzt die Entwicklung eines Menschen aus der Sphäre des Privat-Humanen ins Allgemein-Politische im marxistischen Sinne. Sie liebt ihren Sohn, einen Arbeiter, Sohn eines Arbeiters. Der Konflikt setzt ein bei der Kopeke, die an der fetten Suppe fehlt. Er hört auf bei der roten Fahne, die die alte Frau an der Spitze der Partei in Demonstrationen bis in die 1917er Revolution trägt, und in den neuen Sowjetstaat. Daß sie dabei alle Übungen kommunistischer Schulung vom Zettelverteilen übers ABC-Lernen zum Bauernunterricht bis zur ‹glorreichen› Lenin-Revolte durchmacht, daß sie lernt, zuerst unpersönlich, dann unhuman, dann sogar betrügerisch (im Interesse der Partei natürlich), dann agitatorisch, erst mit ehrlichen, dann sogar mit lügnerischen Mitteln zu arbeiten für die Partei, indem sie während des Krieges zuerst so tut, als ob sie tapfer mit Kupfer abgäbe, dann mit ‹bourgeoisen› Argumenten die andern listig zum Heimgehen verführt, um endlich Farbe zu bekennen; daß sie für die ‹Überleitung des imperialistischen Krieges in den Bürgerkrieg› (Lenin) ist, daß sie dann selbst teilnimmt an dieser ‹Überleitung› und an seinem Sieg, – das ist der Lehrstoff dieses Stückes.»

Den bürgerlichen Beurteilern scheinen solche Werke bestimmte Interessen nicht genug allgemeiner Natur vorauszusetzen, statt solche allgemeiner Natur zu wecken, aber die Interessen, die hier wenigstens als schlummernd vorausgesetzt werden, sind in Wahrheit von ganz besonders allgemeiner Art und gerade darum den Interessen der bürgerlichen Beurteiler entgegengesetzt. Jene Gruppen von Kopfarbeitern, die durch ihre existentielle Verknüpftheit mit den Besitzern der Produktionsmittel geistig festgelegt sind, haben nicht mit der Sache des Kommunismus, sondern mit der Sache der Welt nichts mehr zu tun. Sich von den Kommunisten als von einseitigen, festgelegten, unfreien Geistern trennend, trennen sie sich nur von der Sache der Menschheit und vereinigen sie sich nur mit der allerdings allseitigen, allerdings ungebundenen, allerdings freien Ausbeutung. Eine große Menge von Kopfarbeitern haben durchaus das Gefühl, daß die Welt (ihre Welt) von Unstimmigkeiten befallen ist, aber sie verhalten sich nicht dementsprechend. Wenn man jene ausscheidet, die sich einfach geistig eine Welt konstruieren, welche an sich unstimmig ist (gerade durch ihre Unstimmigkeit existiert), hat man es mit Menschen zu tun, die, der Unstimmigkeit mehr oder weniger bewußt, sich dennoch so verhalten, als wäre die Welt stimmig. In das Denken solcher Menschen greift also die Welt nur mangelhaft ein; es kann nicht überraschen, wenn ihr Denken dann nicht in die Welt eingreift. Dies bedeutet aber, daß sie dem Denken dann überhaupt kein Eingreifen zumuten: So entsteht der «Reine Geist», der für sich existiert, mehr oder weniger behindert durch die «äußeren» Umstände. Die durch das Stück «Die Mutter» angeregten Auseinandersetzungen mit einer Arbeiterin gehören für diese Leute nicht zu den geistigen. Sie schicken die Politiker. So wie sie selber nichts mit der Praxis, haben jene nichts mit dem Geist zu tun. Was braucht der Kopf zu wissen, was die Hand tut, die ihm die Taschen füllt! Diese Leute sind gegen die Politik. Das bedeutet praktisch, daß sie für die Politik sind, die mit ihnen gemacht wird. Ihr Verhalten, selbst in ihrem Beruf, ist ein durchaus politisches. Außerhalb der Politik seinen Wohnsitz aufschlagen, ist nicht dasselbe, wie außerhalb der Politik angesiedelt zu werden; und außer der Politik stehen ist nicht über der Politik stehen.

Manche von ihnen meinen, sie könnten in einem unvollkommenen Staatswesen vollkommen sein, ohne das Staatswesen zu vervollkommnen. Dabei ist es das Wesen unseres Staates, keinen vollkommenen oder sich vervollkommnenden Menschen zu brauchen. Überall sehen wir Anstalten, in denen Krüppel benötigt werden, Einarmige oder Einbeinige oder solche ohne Beine. Die Geschäfte der Verwaltung können am besten von Dummköpfen bewältigt werden. Unsere Schutzleute müssen, um ihr Amt auszuüben, Raufbolde und unsere Richter Blinde sein. Die Forscher Taubstumme oder zumindest Stumme. Und die Verlage der Bücher und Zeitungen rechnen, um nicht pleite zu gehen, nur mit Analphabeten. Nicht im Finden und Aussprechen der Wahrheit zeigt sich das, was Klugheit genannt wird, sondern im Finden der Unwahrheit und der größeren oder geringeren Feinheit des Verschweigens. Einige vermissen große Werke und schieben es dem Mangel an großen Begabungen zu. Aber kein Homer und kein Shakespeare können in Verse bringen, was sie hören wollen. Und die, die die großen Werke vermissen, können ohne sie ganz gut leben und könnten es vielleicht nicht mit ihnen.

14

ABNEIGUNG GEGEN DAS LERNEN UND VERACHTUNG DES NÜTZLICHEN

NEW YORK SUN *vom 20. 11. 1935*
«... The point is, of course, that Pelagea Vlassova, the Mother, started out by believing in God, the Tsar and private property, and was gradually converted, chiefly by precept. It was all explained to her very carefully, and after she understood she explained it all very carefully to others. Then she, and all the others, stood up and explained it, still very slowly and carefully, to the audience ...»

Einer der Haupteinwände der bürgerlichen Kritik gegen die nichtaristotelische Dramatik vom Typus der «Mutter» stützt sich auf eine ebenfalls rein bürgerliche Trennung der Begriffe «unterhaltsam» und «lehrreich». Danach ist die «Mutter» vielleicht lehrreich (wenn auch nur, wie auseinandergesetzt wird, für einen kleinen Teil der möglichen Zuschauer), aber bestimmt nicht unterhaltend (nicht einmal für diesen kleinen Teil). Dieser Trennung nachzugehen, ist nicht ohne Reiz. Es mag überraschen, daß hier eine Degradierung des Lernens schlechthin beabsichtigt ist, indem es nicht als Genuß vorgestellt wird. In Wirklichkeit wird natürlich der Genuß, indem er so sorgfältig von jedem Lehrwert entleert wird, degradiert. Aber man braucht sich nur umzusehen, welche Funktion das Lernen in der bürgerlichen Gesellschaftsordnung hat. Es funktioniert als Einkauf von materiell verwertbaren Kenntnissen. Dieser Einkauf hat stattzufinden, bevor das Individuum in den Produktionsprozeß eintritt. Seine Sphäre ist also die Unreife. Zugeben, daß ich etwas, was zu meinem Fach gehört, noch nicht kann, also mich beim Lernen ertappen lassen, ist gleichbedeutend mit eingestehen, daß ich nicht konkurrenzfähig bin und keinen Kredit beanspruchen darf. Die Erinnerung an die schreckliche Qual, unter der die bürgerliche Jugend ihr «Wissen» eingetrichtert bekommt, hält den zu seiner «Unterhaltung» ins Theater Gekommenen ab, sich wieder behandeln zu lassen wie einer, «der auf der Schulbank sitzt». Die Haltung des Lernenden ist diffamiert.

Wie ja auch der Nützliche und der Sinn für das Nützliche der öffentlichen Verachtung anheimgefallen ist, seit die Menschen sich selbst nur mehr durch Gemeinheiten nützen, indem der Nutzen nur mehr aus der Ausnutzung des Mitmenschen gezogen werden kann.

Nützlich ist der Ausnutzbare, Rechtlose. Bevor er sich nützlich macht, muß ihm der Brotkorb höher gehängt werden. Aber auch der ihn ausnützt, bezieht nicht mehr daraus seine Achtung, sondern nur mehr aus dem, was ihm der gezogene (und im Dunkeln gezogene) Nutzen an Aufwand an Materiellem und Geistigem ermöglicht. Aus dem feudalen Zeitalter her wirkt noch die Geste, mit der die feudale Person, in Form von Vorrechten schon gesichert, vorgab, weder sich selbst noch anderen nützen zu müssen; aus der Zeit der Niederkämpfung der Kleinbürgerwelt die Verachtung des sich nützlich Machenden von seiten des ihn überflügelnden, andere nützlich machenden Kapitalisten, und schon meldet sich die große Störung in den ideologischen Systemen durch das herunter- und heraufkommende Proletariat in der Verweisung der Nutzungsakte in die Sphäre des im Dunkeln zu verübenden Verbrechens. Zugleich aber wächst im Proletariat der neue unbefangene und mächtige Sinn für das Nützliche, der keine Skrupel erzeugen kann, da er eben auf die Ausrottung derjenigen Verhältnisse ausgeht, die den Nutzen aus der Schädigung holen.

1932 und 1936

rororo

BERTOLT BRECHT

Kalendergeschichten

Erschienen als rororo Taschenbuch Band 77

Drei Groschen Roman

Erschienen als rororo Taschenbuch Band 263

Die Geschäfte des Herrn Julius Caesar

Romanfragment. Erschienen als rororo Taschenbuch Band 639

Die Mutter

Ein Stück. Erschienen als rororo Taschenbuch Band 971

Gesamtauflage der Werke von Bertolt Brecht in den rororo Taschenbüchern: 1,4 Millionen Exemplare

---

Ferner erschien:

Bertolt Brecht

in Selbstzeugnissen und Bilddokumenten
dargestellt von Marianne Kesting
Erschienen als rowohlts monographien Band 37

12/19

34/24